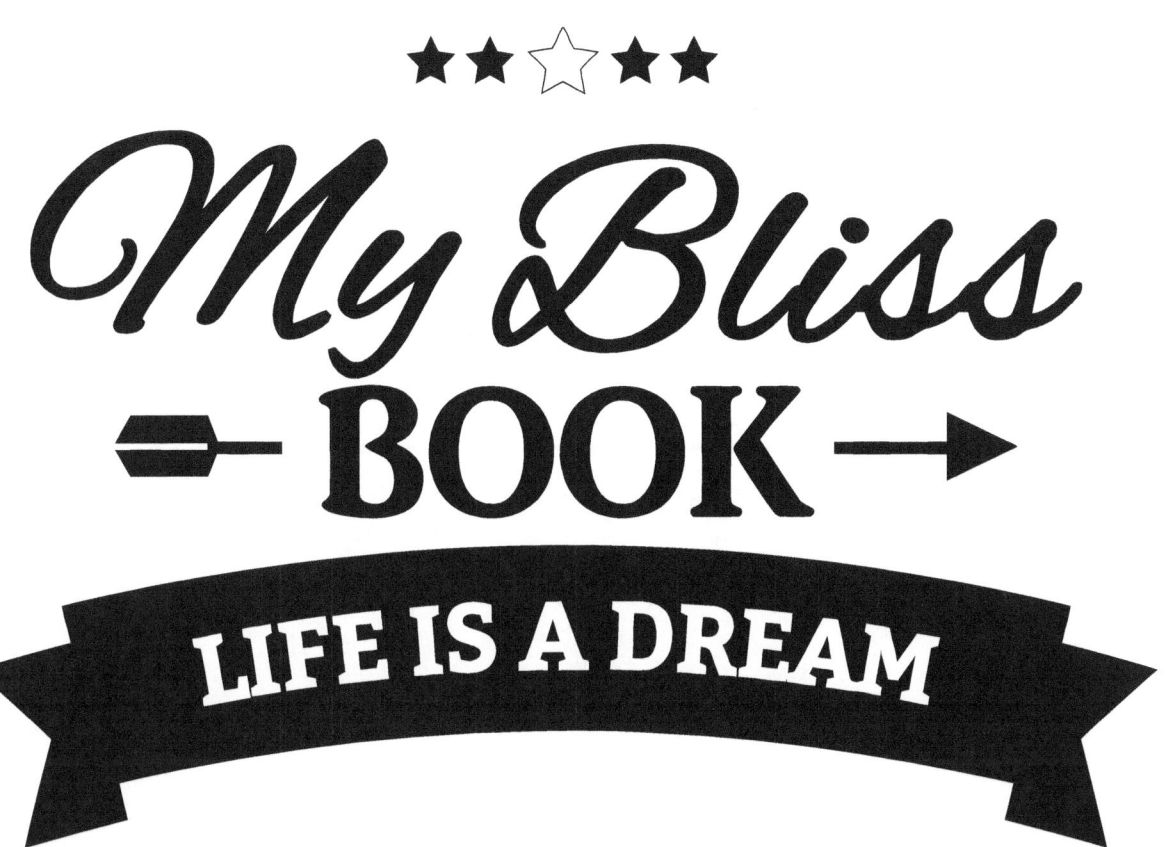

Created by Sheri Fink

My Bliss Book

By Sheri Fink

Copyright © 2015 by Sheri Fink

All rights reserved. No part of this journal may be used or reproduced in any manner whatsoever without the written permission of Sheri Fink.

FIRST EDITION

For the next 12 weeks, commit to yourself to complete your daily journal pages and see how your life magically transforms as you apply intention, focus, and action in your days.

Today I Will...
Use the checkboxes at the top of each daily page to remind yourself of the things you can do to nurture yourself, take action toward your dreams, and make a difference and check them off as you accomplish them. There are also several blank lines you can use to customize the list for your personal goals.

My Top Priorities
These are your absolute, non-negotiable top 5 things that you want to accomplish today. If you take these 5 actions, you'll go to sleep happy knowing that you made progress on important goals.

Today I Will Be...
Set your intentions for how you want to be, feel, and be perceived in the world today. Examples: bold, honest, authentic, passionate, loving, inspiring, courageous, joyful, present, fearless, optimistic, happy, etc. We don't leave it to chance, we set our intention and generate the feelings and states that we want to experience.

My Bold Ask
Each day, challenge yourself to ask for something that's outside of your comfort zone. Maybe it's asking a friend for a favor, or asking a stranger to help you, or asking for a discount on a purchase, or asking someone to go out with you, etc. You don't have it now, so you don't lose anything by asking. The goal is to become comfortable asking for things beyond your current reach to expand your comfort zone and the possibilities in your life.

I'm Grateful...
This is your daily gratitude list. Try to list something new every day for the entire 12 weeks. Listing what you appreciate will focus your attention on what's working in your life.

My Victories
Each day, write your successes, actions taken, things you've done to move in the direction of your goals. List everything you accomplish, including seemingly mundane things like doing the laundry. At the end of the week, you'll be amazed at how many things you accomplish that typically go unnoticed. Acknowledging and celebrating your wins will help you value yourself for the rock star that you are.

My Ideas & Inspired Actions
Here is a place to capture the brilliant ideas that come to you throughout the day. It may be an impulse to call someone, a new book to read, a highly recommended restaurant, an update to make to your website, etc. As the ideas flow, note them and you can refer to them when you're planning your goals for the week ahead.

My Serendipities
List the magical things that happen in your life. By looking for the serendipities, you'll help keep your vibration on the level of what you want to attract into your life. And, you'll have fun telling your friends about all the wonderful "coincidences" that are coming as a result of your newfound focus.

My hope is that this book helps you attract the most magical, passionate, and fulfilling life beyond your wildest dreams!

With love and gratitude,
Sheri

Week: _____

Goals for the Week

1. _____

    Action Steps: _____

    _____

2. _____

    Action Steps: _____

    _____

3. _____

    Action Steps: _____

    _____

4. _____

    Action Steps: _____

    _____

5. _____

    Action Steps: _____

    _____

6. _____

    Action Steps: _____

    _____

7. _____

    Action Steps: _____

    _____

"Embrace the fullness and magnificence of who you truly are beyond your circumstances, beyond your story, beyond your current perceived limitations. You are so much more. Radiate love and joy because that's who you truly are." ~ Sheri Fink

Day: _____

Today I…

Nurtured Myself:
- ☐ Meditated
- ☐ Worked out
- ☐ Journaled
- ☐ Had fun
- ☐ _____

Took Action Toward My Dreams:
- ☐ Read my affirmations
- ☐ Visualized my future
- ☐ Talked with Accountability Partner
- ☐ Read something uplifting
- ☐ _____

Made a Difference:
- ☐ Acknowledged someone
- ☐ Connected with someone
- ☐ Helped someone
- ☐ Inspired someone
- ☐ _____

My Top Priorities
1. _____
2. _____
3. _____
4. _____
5. _____

Today I Will Be…
1. _____
2. _____
3. _____
4. _____
5. _____

My Bold Ask: _____

I'm Grateful…
1. _____
2. _____
3. _____
4. _____
5. _____
6. _____
7. _____
8. _____

My Victories
1. _____
2. _____
3. _____
4. _____
5. _____
6. _____
7. _____
8. _____

My Ideas & Inspired Actions
1. _____
2. _____
3. _____
4. _____
5. _____

My Serendipities
1. _____
2. _____
3. _____
4. _____
5. _____

"Embrace the fullness and magnificence of who you truly are beyond your circumstances, beyond your story, beyond your current perceived limitations. You are so much more. Radiate love and joy because that's who you truly are." ~ Sheri Fink

Day: _____

Today I...

Nurtured Myself:
- ☐ Meditated
- ☐ Worked out
- ☐ Journaled
- ☐ Had fun
- ☐ _____

Took Action Toward My Dreams:
- ☐ Read my affirmations
- ☐ Visualized my future
- ☐ Talked with Accountability Partner
- ☐ Read something uplifting
- ☐ _____

Made a Difference:
- ☐ Acknowledged someone
- ☐ Connected with someone
- ☐ Helped someone
- ☐ Inspired someone
- ☐ _____

My Top Priorities
1. _____
2. _____
3. _____
4. _____
5. _____

Today I Will Be...
1. _____
2. _____
3. _____
4. _____
5. _____

My Bold Ask: _____

I'm Grateful...
1. _____
2. _____
3. _____
4. _____
5. _____
6. _____
7. _____
8. _____

My Victories
1. _____
2. _____
3. _____
4. _____
5. _____
6. _____
7. _____
8. _____

My Ideas & Inspired Actions
1. _____
2. _____
3. _____
4. _____
5. _____

My Serendipities
1. _____
2. _____
3. _____
4. _____
5. _____

"Embrace the fullness and magnificence of who you truly are beyond your circumstances, beyond your story, beyond your current perceived limitations. You are so much more. Radiate love and joy because that's who you truly are." ~ Sheri Fink

Day: _____

Today I...

Nurtured Myself:
- ☐ Meditated
- ☐ Worked out
- ☐ Journaled
- ☐ Had fun
- ☐ _____

Took Action Toward My Dreams:
- ☐ Read my affirmations
- ☐ Visualized my future
- ☐ Talked with Accountability Partner
- ☐ Read something uplifting
- ☐ _____

Made a Difference:
- ☐ Acknowledged someone
- ☐ Connected with someone
- ☐ Helped someone
- ☐ Inspired someone
- ☐ _____

My Top Priorities
1. _____
2. _____
3. _____
4. _____
5. _____

Today I Will Be...
1. _____
2. _____
3. _____
4. _____
5. _____

My Bold Ask: _____

I'm Grateful...
1. _____
2. _____
3. _____
4. _____
5. _____
6. _____
7. _____
8. _____

My Victories
1. _____
2. _____
3. _____
4. _____
5. _____
6. _____
7. _____
8. _____

My Ideas & Inspired Actions
1. _____
2. _____
3. _____
4. _____
5. _____

My Serendipities
1. _____
2. _____
3. _____
4. _____
5. _____

"Embrace the fullness and magnificence of who you truly are beyond your circumstances, beyond your story, beyond your current perceived limitations. You are so much more. Radiate love and joy because that's who you truly are." ~ Sheri Fink

‬ʒ

Day: _____

Today I...

Nurtured Myself:
☐ Meditated
☐ Worked out
☐ Journaled
☐ Had fun
☐ _____

Took Action Toward My Dreams:
☐ Read my affirmations
☐ Visualized my future
☐ Talked with Accountability Partner
☐ Read something uplifting
☐ _____

Made a Difference:
☐ Acknowledged someone
☐ Connected with someone
☐ Helped someone
☐ Inspired someone
☐ _____

My Top Priorities
1. _____
2. _____
3. _____
4. _____
5. _____

Today I Will Be...
1. _____
2. _____
3. _____
4. _____
5. _____

My Bold Ask: _____

I'm Grateful...
1. _____
2. _____
3. _____
4. _____
5. _____
6. _____
7. _____
8. _____

My Victories
1. _____
2. _____
3. _____
4. _____
5. _____
6. _____
7. _____
8. _____

My Ideas & Inspired Actions
1. _____
2. _____
3. _____
4. _____
5. _____

My Serendipities
1. _____
2. _____
3. _____
4. _____
5. _____

"Embrace the fullness and magnificence of who you truly are beyond your circumstances, beyond your story, beyond your current perceived limitations. You are so much more. Radiate love and joy because that's who you truly are." ~ Sheri Fink

Day: _____

Today I…

Nurtured Myself:
- ☐ Meditated
- ☐ Worked out
- ☐ Journaled
- ☐ Had fun
- ☐ _____

Took Action Toward My Dreams:
- ☐ Read my affirmations
- ☐ Visualized my future
- ☐ Talked with Accountability Partner
- ☐ Read something uplifting
- ☐ _____

Made a Difference:
- ☐ Acknowledged someone
- ☐ Connected with someone
- ☐ Helped someone
- ☐ Inspired someone
- ☐ _____

My Top Priorities
1. _____
2. _____
3. _____
4. _____
5. _____

Today I Will Be…
1. _____
2. _____
3. _____
4. _____
5. _____

My Bold Ask: _____

I'm Grateful…
1. _____
2. _____
3. _____
4. _____
5. _____
6. _____
7. _____
8. _____

My Victories
1. _____
2. _____
3. _____
4. _____
5. _____
6. _____
7. _____
8. _____

My Ideas & Inspired Actions
1. _____
2. _____
3. _____
4. _____
5. _____

My Serendipities
1. _____
2. _____
3. _____
4. _____
5. _____

"Embrace the fullness and magnificence of who you truly are beyond your circumstances, beyond your story, beyond your current perceived limitations. You are so much more. Radiate love and joy because that's who you truly are." ~ Sheri Fink

Day: _____

Today I...

Nurtured Myself:
- ☐ Meditated
- ☐ Worked out
- ☐ Journaled
- ☐ Had fun
- ☐ _____

Took Action Toward My Dreams:
- ☐ Read my affirmations
- ☐ Visualized my future
- ☐ Talked with Accountability Partner
- ☐ Read something uplifting
- ☐ _____

Made a Difference:
- ☐ Acknowledged someone
- ☐ Connected with someone
- ☐ Helped someone
- ☐ Inspired someone
- ☐ _____

My Top Priorities
1. _____
2. _____
3. _____
4. _____
5. _____

Today I Will Be...
1. _____
2. _____
3. _____
4. _____
5. _____

My Bold Ask: _____

I'm Grateful...
1. _____
2. _____
3. _____
4. _____
5. _____
6. _____
7. _____
8. _____

My Victories
1. _____
2. _____
3. _____
4. _____
5. _____
6. _____
7. _____
8. _____

My Ideas & Inspired Actions
1. _____
2. _____
3. _____
4. _____
5. _____

My Serendipities
1. _____
2. _____
3. _____
4. _____
5. _____

"Embrace the fullness and magnificence of who you truly are beyond your circumstances, beyond your story, beyond your current perceived limitations. You are so much more. Radiate love and joy because that's who you truly are." ~ Sheri Fink

Day: _____

Today I...

Nurtured Myself:
- ☐ Meditated
- ☐ Worked out
- ☐ Journaled
- ☐ Had fun
- ☐ _____

Took Action Toward My Dreams:
- ☐ Read my affirmations
- ☐ Visualized my future
- ☐ Talked with Accountability Partner
- ☐ Read something uplifting
- ☐ _____

Made a Difference:
- ☐ Acknowledged someone
- ☐ Connected with someone
- ☐ Helped someone
- ☐ Inspired someone
- ☐ _____

My Top Priorities
1. _____
2. _____
3. _____
4. _____
5. _____

Today I Will Be...
1. _____
2. _____
3. _____
4. _____
5. _____

My Bold Ask: _____

I'm Grateful...
1. _____
2. _____
3. _____
4. _____
5. _____
6. _____
7. _____
8. _____

My Victories
1. _____
2. _____
3. _____
4. _____
5. _____
6. _____
7. _____
8. _____

My Ideas & Inspired Actions
1. _____
2. _____
3. _____
4. _____
5. _____

My Serendipities
1. _____
2. _____
3. _____
4. _____
5. _____

"Embrace the fullness and magnificence of who you truly are beyond your circumstances, beyond your story, beyond your current perceived limitations. You are so much more. Radiate love and joy because that's who you truly are." ~ Sheri Fink

Week: _____

Goals for the Week

1. _____

    Action Steps: _____

    _____

2. _____

    Action Steps: _____

    _____

3. _____

    Action Steps: _____

    _____

4. _____

    Action Steps: _____

    _____

5. _____

    Action Steps: _____

    _____

6. _____

    Action Steps: _____

    _____

7. _____

    Action Steps: _____

    _____

"Nothing stops me. Everything strengthens me and propels me forward. I focus on the future while thriving in the now." ~ Sheri Fink

Day: _____

Today I...

Nurtured Myself:
- ☐ Meditated
- ☐ Worked out
- ☐ Journaled
- ☐ Had fun
- ☐ _____

Took Action Toward My Dreams:
- ☐ Read my affirmations
- ☐ Visualized my future
- ☐ Talked with Accountability Partner
- ☐ Read something uplifting
- ☐ _____

Made a Difference:
- ☐ Acknowledged someone
- ☐ Connected with someone
- ☐ Helped someone
- ☐ Inspired someone
- ☐ _____

My Top Priorities
1. _____
2. _____
3. _____
4. _____
5. _____

Today I Will Be…
1. _____
2. _____
3. _____
4. _____
5. _____

My Bold Ask: _____

I'm Grateful…
1. _____
2. _____
3. _____
4. _____
5. _____
6. _____
7. _____
8. _____

My Victories
1. _____
2. _____
3. _____
4. _____
5. _____
6. _____
7. _____
8. _____

My Ideas & Inspired Actions
1. _____
2. _____
3. _____
4. _____
5. _____

My Serendipities
1. _____
2. _____
3. _____
4. _____
5. _____

"Nothing stops me. Everything strengthens me and propels me forward. I focus on the future while thriving in the now." ~ Sheri Fink

Day: _____

Today I...

Nurtured Myself:
- ☐ Meditated
- ☐ Worked out
- ☐ Journaled
- ☐ Had fun
- ☐ _____

Took Action Toward My Dreams:
- ☐ Read my affirmations
- ☐ Visualized my future
- ☐ Talked with Accountability Partner
- ☐ Read something uplifting
- ☐ _____

Made a Difference:
- ☐ Acknowledged someone
- ☐ Connected with someone
- ☐ Helped someone
- ☐ Inspired someone
- ☐ _____

My Top Priorities
1. _____
2. _____
3. _____
4. _____
5. _____

Today I Will Be...
1. _____
2. _____
3. _____
4. _____
5. _____

My Bold Ask: _____

I'm Grateful...
1. _____
2. _____
3. _____
4. _____
5. _____
6. _____
7. _____
8. _____

My Victories
1. _____
2. _____
3. _____
4. _____
5. _____
6. _____
7. _____
8. _____

My Ideas & Inspired Actions
1. _____
2. _____
3. _____
4. _____
5. _____

My Serendipities
1. _____
2. _____
3. _____
4. _____
5. _____

"Nothing stops me. Everything strengthens me and propels me forward. I focus on the future while thriving in the now." ~ Sheri Fink

Day: _____

Today I...

Nurtured Myself:
- ☐ Meditated
- ☐ Worked out
- ☐ Journaled
- ☐ Had fun
- ☐ _____

Took Action Toward My Dreams:
- ☐ Read my affirmations
- ☐ Visualized my future
- ☐ Talked with Accountability Partner
- ☐ Read something uplifting
- ☐ _____

Made a Difference:
- ☐ Acknowledged someone
- ☐ Connected with someone
- ☐ Helped someone
- ☐ Inspired someone
- ☐ _____

My Top Priorities
1. _____
2. _____
3. _____
4. _____
5. _____

Today I Will Be...
1. _____
2. _____
3. _____
4. _____
5. _____

My Bold Ask: _____

I'm Grateful...
1. _____
2. _____
3. _____
4. _____
5. _____
6. _____
7. _____
8. _____

My Victories
1. _____
2. _____
3. _____
4. _____
5. _____
6. _____
7. _____
8. _____

My Ideas & Inspired Actions
1. _____
2. _____
3. _____
4. _____
5. _____

My Serendipities
1. _____
2. _____
3. _____
4. _____
5. _____

"Nothing stops me. Everything strengthens me and propels me forward. I focus on the future while thriving in the now." ~ Sheri Fink

Day: _____

Today I...

Nurtured Myself:
- ☐ Meditated
- ☐ Worked out
- ☐ Journaled
- ☐ Had fun
- ☐ _____

Took Action Toward My Dreams:
- ☐ Read my affirmations
- ☐ Visualized my future
- ☐ Talked with Accountability Partner
- ☐ Read something uplifting
- ☐ _____

Made a Difference:
- ☐ Acknowledged someone
- ☐ Connected with someone
- ☐ Helped someone
- ☐ Inspired someone
- ☐ _____

My Top Priorities
1. _____
2. _____
3. _____
4. _____
5. _____

Today I Will Be...
1. _____
2. _____
3. _____
4. _____
5. _____

My Bold Ask: _____

I'm Grateful...
1. _____
2. _____
3. _____
4. _____
5. _____
6. _____
7. _____
8. _____

My Victories
1. _____
2. _____
3. _____
4. _____
5. _____
6. _____
7. _____
8. _____

My Ideas & Inspired Actions
1. _____
2. _____
3. _____
4. _____
5. _____

My Serendipities
1. _____
2. _____
3. _____
4. _____
5. _____

"Nothing stops me. Everything strengthens me and propels me forward. I focus on the future while thriving in the now." ~ Sheri Fink

Day: _____

Today I...

Nurtured Myself:
- ☐ Meditated
- ☐ Worked out
- ☐ Journaled
- ☐ Had fun
- ☐ _____

Took Action Toward My Dreams:
- ☐ Read my affirmations
- ☐ Visualized my future
- ☐ Talked with Accountability Partner
- ☐ Read something uplifting
- ☐ _____

Made a Difference:
- ☐ Acknowledged someone
- ☐ Connected with someone
- ☐ Helped someone
- ☐ Inspired someone
- ☐ _____

My Top Priorities
1. _____
2. _____
3. _____
4. _____
5. _____

Today I Will Be...
1. _____
2. _____
3. _____
4. _____
5. _____

My Bold Ask: _____

I'm Grateful...
1. _____
2. _____
3. _____
4. _____
5. _____
6. _____
7. _____
8. _____

My Victories
1. _____
2. _____
3. _____
4. _____
5. _____
6. _____
7. _____
8. _____

My Ideas & Inspired Actions
1. _____
2. _____
3. _____
4. _____
5. _____

My Serendipities
1. _____
2. _____
3. _____
4. _____
5. _____

"Nothing stops me. Everything strengthens me and propels me forward. I focus on the future while thriving in the now." ~ Sheri Fink

Day: _____

Today I...

Nurtured Myself:
- ☐ Meditated
- ☐ Worked out
- ☐ Journaled
- ☐ Had fun
- ☐ _____

Took Action Toward My Dreams:
- ☐ Read my affirmations
- ☐ Visualized my future
- ☐ Talked with Accountability Partner
- ☐ Read something uplifting
- ☐ _____

Made a Difference:
- ☐ Acknowledged someone
- ☐ Connected with someone
- ☐ Helped someone
- ☐ Inspired someone
- ☐ _____

My Top Priorities
1. _____
2. _____
3. _____
4. _____
5. _____

Today I Will Be...
1. _____
2. _____
3. _____
4. _____
5. _____

My Bold Ask: _____

I'm Grateful...
1. _____
2. _____
3. _____
4. _____
5. _____
6. _____
7. _____
8. _____

My Victories
1. _____
2. _____
3. _____
4. _____
5. _____
6. _____
7. _____
8. _____

My Ideas & Inspired Actions
1. _____
2. _____
3. _____
4. _____
5. _____

My Serendipities
1. _____
2. _____
3. _____
4. _____
5. _____

"Nothing stops me. Everything strengthens me and propels me forward. I focus on the future while thriving in the now." ~ Sheri Fink

Day: _____

Today I...

Nurtured Myself:
- ☐ Meditated
- ☐ Worked out
- ☐ Journaled
- ☐ Had fun
- ☐ _____

Took Action Toward My Dreams:
- ☐ Read my affirmations
- ☐ Visualized my future
- ☐ Talked with Accountability Partner
- ☐ Read something uplifting
- ☐ _____

Made a Difference:
- ☐ Acknowledged someone
- ☐ Connected with someone
- ☐ Helped someone
- ☐ Inspired someone
- ☐ _____

My Top Priorities
1. _____
2. _____
3. _____
4. _____
5. _____

Today I Will Be...
1. _____
2. _____
3. _____
4. _____
5. _____

My Bold Ask: _____

I'm Grateful...
1. _____
2. _____
3. _____
4. _____
5. _____
6. _____
7. _____
8. _____

My Victories
1. _____
2. _____
3. _____
4. _____
5. _____
6. _____
7. _____
8. _____

My Ideas & Inspired Actions
1. _____
2. _____
3. _____
4. _____
5. _____

My Serendipities
1. _____
2. _____
3. _____
4. _____
5. _____

"Nothing stops me. Everything strengthens me and propels me forward. I focus on the future while thriving in the now." ~ Sheri Fink

Week: _____

Goals for the Week

1. _____

    Action Steps: _____

    _____

2. _____

    Action Steps: _____

    _____

3. _____

    Action Steps: _____

    _____

4. _____

    Action Steps: _____

    _____

5. _____

    Action Steps: _____

    _____

6. _____

    Action Steps: _____

    _____

7. _____

    Action Steps: _____

    _____

"Pour yourself complete in you and what brings you joy and moves you toward your goals. No one deserves your beautiful love and attention more than you." ~ Sheri Fink

Day: _____

Today I...

Nurtured Myself:
- ☐ Meditated
- ☐ Worked out
- ☐ Journaled
- ☐ Had fun
- ☐ _____

Took Action Toward My Dreams:
- ☐ Read my affirmations
- ☐ Visualized my future
- ☐ Talked with Accountability Partner
- ☐ Read something uplifting
- ☐ _____

Made a Difference:
- ☐ Acknowledged someone
- ☐ Connected with someone
- ☐ Helped someone
- ☐ Inspired someone
- ☐ _____

My Top Priorities
1. _____
2. _____
3. _____
4. _____
5. _____

Today I Will Be...
1. _____
2. _____
3. _____
4. _____
5. _____

My Bold Ask: _____

I'm Grateful...
1. _____
2. _____
3. _____
4. _____
5. _____
6. _____
7. _____
8. _____

My Victories
1. _____
2. _____
3. _____
4. _____
5. _____
6. _____
7. _____
8. _____

My Ideas & Inspired Actions
1. _____
2. _____
3. _____
4. _____
5. _____

My Serendipities
1. _____
2. _____
3. _____
4. _____
5. _____

"Pour yourself complete in you and what brings you joy and moves you toward your goals. No one deserves your beautiful love and attention more than you." ~ Sheri Fink

Day: _____

Today I...

Nurtured Myself:
- ☐ Meditated
- ☐ Worked out
- ☐ Journaled
- ☐ Had fun
- ☐ _____

Took Action Toward My Dreams:
- ☐ Read my affirmations
- ☐ Visualized my future
- ☐ Talked with Accountability Partner
- ☐ Read something uplifting
- ☐ _____

Made a Difference:
- ☐ Acknowledged someone
- ☐ Connected with someone
- ☐ Helped someone
- ☐ Inspired someone
- ☐ _____

My Top Priorities
1. _____
2. _____
3. _____
4. _____
5. _____

Today I Will Be...
1. _____
2. _____
3. _____
4. _____
5. _____

My Bold Ask: _____

I'm Grateful...
1. _____
2. _____
3. _____
4. _____
5. _____
6. _____
7. _____
8. _____

My Victories
1. _____
2. _____
3. _____
4. _____
5. _____
6. _____
7. _____
8. _____

My Ideas & Inspired Actions
1. _____
2. _____
3. _____
4. _____
5. _____

My Serendipities
1. _____
2. _____
3. _____
4. _____
5. _____

"Pour yourself complete in you and what brings you joy and moves you toward your goals. No one deserves your beautiful love and attention more than you." ~ Sheri Fink

Day: _____

Today I...

Nurtured Myself:
- ☐ Meditated
- ☐ Worked out
- ☐ Journaled
- ☐ Had fun
- ☐ _____

Took Action Toward My Dreams:
- ☐ Read my affirmations
- ☐ Visualized my future
- ☐ Talked with Accountability Partner
- ☐ Read something uplifting
- ☐ _____

Made a Difference:
- ☐ Acknowledged someone
- ☐ Connected with someone
- ☐ Helped someone
- ☐ Inspired someone
- ☐ _____

My Top Priorities
1. _____
2. _____
3. _____
4. _____
5. _____

Today I Will Be...
1. _____
2. _____
3. _____
4. _____
5. _____

My Bold Ask: _____

I'm Grateful...
1. _____
2. _____
3. _____
4. _____
5. _____
6. _____
7. _____
8. _____

My Victories
1. _____
2. _____
3. _____
4. _____
5. _____
6. _____
7. _____
8. _____

My Ideas & Inspired Actions
1. _____
2. _____
3. _____
4. _____
5. _____

My Serendipities
1. _____
2. _____
3. _____
4. _____
5. _____

"Pour yourself complete in you and what brings you joy and moves you toward your goals. No one deserves your beautiful love and attention more than you." ~ Sheri Fink

Day: _____

Today I...

Nurtured Myself:
- ☐ Meditated
- ☐ Worked out
- ☐ Journaled
- ☐ Had fun
- ☐ _____

Took Action Toward My Dreams:
- ☐ Read my affirmations
- ☐ Visualized my future
- ☐ Talked with Accountability Partner
- ☐ Read something uplifting
- ☐ _____

Made a Difference:
- ☐ Acknowledged someone
- ☐ Connected with someone
- ☐ Helped someone
- ☐ Inspired someone
- ☐ _____

My Top Priorities
1. _____
2. _____
3. _____
4. _____
5. _____

Today I Will Be...
1. _____
2. _____
3. _____
4. _____
5. _____

My Bold Ask: _____

I'm Grateful...
1. _____
2. _____
3. _____
4. _____
5. _____
6. _____
7. _____
8. _____

My Victories
1. _____
2. _____
3. _____
4. _____
5. _____
6. _____
7. _____
8. _____

My Ideas & Inspired Actions
1. _____
2. _____
3. _____
4. _____
5. _____

My Serendipities
1. _____
2. _____
3. _____
4. _____
5. _____

"Pour yourself complete in you and what brings you joy and moves you toward your goals. No one deserves your beautiful love and attention more than you." ~ Sheri Fink

Day: _____

Today I...

Nurtured Myself:
- ☐ Meditated
- ☐ Worked out
- ☐ Journaled
- ☐ Had fun
- ☐ _____

Took Action Toward My Dreams:
- ☐ Read my affirmations
- ☐ Visualized my future
- ☐ Talked with Accountability Partner
- ☐ Read something uplifting
- ☐ _____

Made a Difference:
- ☐ Acknowledged someone
- ☐ Connected with someone
- ☐ Helped someone
- ☐ Inspired someone
- ☐ _____

My Top Priorities
1. _____
2. _____
3. _____
4. _____
5. _____

Today I Will Be...
1. _____
2. _____
3. _____
4. _____
5. _____

My Bold Ask: _____

I'm Grateful...
1. _____
2. _____
3. _____
4. _____
5. _____
6. _____
7. _____
8. _____

My Victories
1. _____
2. _____
3. _____
4. _____
5. _____
6. _____
7. _____
8. _____

My Ideas & Inspired Actions
1. _____
2. _____
3. _____
4. _____
5. _____

My Serendipities
1. _____
2. _____
3. _____
4. _____
5. _____

"Pour yourself complete in you and what brings you joy and moves you toward your goals. No one deserves your beautiful love and attention more than you." ~ Sheri Fink

Day: _____

Today I...

Nurtured Myself:
- ☐ Meditated
- ☐ Worked out
- ☐ Journaled
- ☐ Had fun
- ☐ _____

Took Action Toward My Dreams:
- ☐ Read my affirmations
- ☐ Visualized my future
- ☐ Talked with Accountability Partner
- ☐ Read something uplifting
- ☐ _____

Made a Difference:
- ☐ Acknowledged someone
- ☐ Connected with someone
- ☐ Helped someone
- ☐ Inspired someone
- ☐ _____

My Top Priorities
1. _____
2. _____
3. _____
4. _____
5. _____

Today I Will Be...
1. _____
2. _____
3. _____
4. _____
5. _____

My Bold Ask: _____

I'm Grateful...
1. _____
2. _____
3. _____
4. _____
5. _____
6. _____
7. _____
8. _____

My Victories
1. _____
2. _____
3. _____
4. _____
5. _____
6. _____
7. _____
8. _____

My Ideas & Inspired Actions
1. _____
2. _____
3. _____
4. _____
5. _____

My Serendipities
1. _____
2. _____
3. _____
4. _____
5. _____

"Pour yourself complete in you and what brings you joy and moves you toward your goals. No one deserves your beautiful love and attention more than you." ~ Sheri Fink

Day: _____

Today I...

Nurtured Myself:
- ☐ Meditated
- ☐ Worked out
- ☐ Journaled
- ☐ Had fun
- ☐ _____

Took Action Toward My Dreams:
- ☐ Read my affirmations
- ☐ Visualized my future
- ☐ Talked with Accountability Partner
- ☐ Read something uplifting
- ☐ _____

Made a Difference:
- ☐ Acknowledged someone
- ☐ Connected with someone
- ☐ Helped someone
- ☐ Inspired someone
- ☐ _____

My Top Priorities
1. _____
2. _____
3. _____
4. _____
5. _____

Today I Will Be...
1. _____
2. _____
3. _____
4. _____
5. _____

My Bold Ask: _____

I'm Grateful...
1. _____
2. _____
3. _____
4. _____
5. _____
6. _____
7. _____
8. _____

My Victories
1. _____
2. _____
3. _____
4. _____
5. _____
6. _____
7. _____
8. _____

My Ideas & Inspired Actions
1. _____
2. _____
3. _____
4. _____
5. _____

My Serendipities
1. _____
2. _____
3. _____
4. _____
5. _____

"Pour yourself complete in you and what brings you joy and moves you toward your goals. No one deserves your beautiful love and attention more than you." ~ Sheri Fink

Week: _____

Goals for the Week

1. _____

    Action Steps: _____

    _____

2. _____

    Action Steps: _____

    _____

3. _____

    Action Steps: _____

    _____

4. _____

    Action Steps: _____

    _____

5. _____

    Action Steps: _____

    _____

6. _____

    Action Steps: _____

    _____

7. _____

    Action Steps: _____

    _____

"It's not about being in control, it's about being in the flow. Take time to fully live, breathe, and love. Today is a day worth remembering." ~ Sheri Fink

Day: _____

Today I...

Nurtured Myself:
- ☐ Meditated
- ☐ Worked out
- ☐ Journaled
- ☐ Had fun
- ☐ _____

Took Action Toward My Dreams:
- ☐ Read my affirmations
- ☐ Visualized my future
- ☐ Talked with Accountability Partner
- ☐ Read something uplifting
- ☐ _____

Made a Difference:
- ☐ Acknowledged someone
- ☐ Connected with someone
- ☐ Helped someone
- ☐ Inspired someone
- ☐ _____

My Top Priorities
1. _____
2. _____
3. _____
4. _____
5. _____

Today I Will Be...
1. _____
2. _____
3. _____
4. _____
5. _____

My Bold Ask: _____

I'm Grateful...
1. _____
2. _____
3. _____
4. _____
5. _____
6. _____
7. _____
8. _____

My Victories
1. _____
2. _____
3. _____
4. _____
5. _____
6. _____
7. _____
8. _____

My Ideas & Inspired Actions
1. _____
2. _____
3. _____
4. _____
5. _____

My Serendipities
1. _____
2. _____
3. _____
4. _____
5. _____

"It's not about being in control, it's about being in the flow. Take time to fully live, breathe, and love. Today is a day worth remembering." ~ Sheri Fink

Day: _____

Today I...

Nurtured Myself:
- ☐ Meditated
- ☐ Worked out
- ☐ Journaled
- ☐ Had fun
- ☐ _____

Took Action Toward My Dreams:
- ☐ Read my affirmations
- ☐ Visualized my future
- ☐ Talked with Accountability Partner
- ☐ Read something uplifting
- ☐ _____

Made a Difference:
- ☐ Acknowledged someone
- ☐ Connected with someone
- ☐ Helped someone
- ☐ Inspired someone
- ☐ _____

My Top Priorities
1. _____
2. _____
3. _____
4. _____
5. _____

Today I Will Be…
1. _____
2. _____
3. _____
4. _____
5. _____

My Bold Ask: _____

I'm Grateful…
1. _____
2. _____
3. _____
4. _____
5. _____
6. _____
7. _____
8. _____

My Victories
1. _____
2. _____
3. _____
4. _____
5. _____
6. _____
7. _____
8. _____

My Ideas & Inspired Actions
1. _____
2. _____
3. _____
4. _____
5. _____

My Serendipities
1. _____
2. _____
3. _____
4. _____
5. _____

"It's not about being in control, it's about being in the flow. Take time to fully live, breathe, and love. Today is a day worth remembering." ~ Sheri Fink

Day: _____

Today I…

Nurtured Myself:
- ☐ Meditated
- ☐ Worked out
- ☐ Journaled
- ☐ Had fun
- ☐ _____

Took Action Toward My Dreams:
- ☐ Read my affirmations
- ☐ Visualized my future
- ☐ Talked with Accountability Partner
- ☐ Read something uplifting
- ☐ _____

Made a Difference:
- ☐ Acknowledged someone
- ☐ Connected with someone
- ☐ Helped someone
- ☐ Inspired someone
- ☐ _____

My Top Priorities
1. _____
2. _____
3. _____
4. _____
5. _____

Today I Will Be…
1. _____
2. _____
3. _____
4. _____
5. _____

My Bold Ask: _____

I'm Grateful…
1. _____
2. _____
3. _____
4. _____
5. _____
6. _____
7. _____
8. _____

My Victories
1. _____
2. _____
3. _____
4. _____
5. _____
6. _____
7. _____
8. _____

My Ideas & Inspired Actions
1. _____
2. _____
3. _____
4. _____
5. _____

My Serendipities
1. _____
2. _____
3. _____
4. _____
5. _____

"It's not about being in control, it's about being in the flow. Take time to fully live, breathe, and love. Today is a day worth remembering." ~ Sheri Fink

Day: _____

Today I...

Nurtured Myself:
- ☐ Meditated
- ☐ Worked out
- ☐ Journaled
- ☐ Had fun
- ☐ _____

Took Action Toward My Dreams:
- ☐ Read my affirmations
- ☐ Visualized my future
- ☐ Talked with Accountability Partner
- ☐ Read something uplifting
- ☐ _____

Made a Difference:
- ☐ Acknowledged someone
- ☐ Connected with someone
- ☐ Helped someone
- ☐ Inspired someone
- ☐ _____

My Top Priorities
1. _____
2. _____
3. _____
4. _____
5. _____

Today I Will Be...
1. _____
2. _____
3. _____
4. _____
5. _____

My Bold Ask: _____

I'm Grateful...
1. _____
2. _____
3. _____
4. _____
5. _____
6. _____
7. _____
8. _____

My Victories
1. _____
2. _____
3. _____
4. _____
5. _____
6. _____
7. _____
8. _____

My Ideas & Inspired Actions
1. _____
2. _____
3. _____
4. _____
5. _____

My Serendipities
1. _____
2. _____
3. _____
4. _____
5. _____

"It's not about being in control, it's about being in the flow. Take time to fully live, breathe, and love. Today is a day worth remembering." ~ Sheri Fink

Day: _____

Today I…

Nurtured Myself:
- ☐ Meditated
- ☐ Worked out
- ☐ Journaled
- ☐ Had fun
- ☐ _____

Took Action Toward My Dreams:
- ☐ Read my affirmations
- ☐ Visualized my future
- ☐ Talked with Accountability Partner
- ☐ Read something uplifting
- ☐ _____

Made a Difference:
- ☐ Acknowledged someone
- ☐ Connected with someone
- ☐ Helped someone
- ☐ Inspired someone
- ☐ _____

My Top Priorities
1. _____
2. _____
3. _____
4. _____
5. _____

Today I Will Be…
1. _____
2. _____
3. _____
4. _____
5. _____

My Bold Ask: _____

I'm Grateful…
1. _____
2. _____
3. _____
4. _____
5. _____
6. _____
7. _____
8. _____

My Victories
1. _____
2. _____
3. _____
4. _____
5. _____
6. _____
7. _____
8. _____

My Ideas & Inspired Actions
1. _____
2. _____
3. _____
4. _____
5. _____

My Serendipities
1. _____
2. _____
3. _____
4. _____
5. _____

"It's not about being in control, it's about being in the flow. Take time to fully live, breathe, and love. Today is a day worth remembering." ~ Sheri Fink

Day: _____

Today I...

Nurtured Myself:
- ☐ Meditated
- ☐ Worked out
- ☐ Journaled
- ☐ Had fun
- ☐ _____

Took Action Toward My Dreams:
- ☐ Read my affirmations
- ☐ Visualized my future
- ☐ Talked with Accountability Partner
- ☐ Read something uplifting
- ☐ _____

Made a Difference:
- ☐ Acknowledged someone
- ☐ Connected with someone
- ☐ Helped someone
- ☐ Inspired someone
- ☐ _____

My Top Priorities
1. _____
2. _____
3. _____
4. _____
5. _____

Today I Will Be...
1. _____
2. _____
3. _____
4. _____
5. _____

My Bold Ask: _____

I'm Grateful...
1. _____
2. _____
3. _____
4. _____
5. _____
6. _____
7. _____
8. _____

My Victories
1. _____
2. _____
3. _____
4. _____
5. _____
6. _____
7. _____
8. _____

My Ideas & Inspired Actions
1. _____
2. _____
3. _____
4. _____
5. _____

My Serendipities
1. _____
2. _____
3. _____
4. _____
5. _____

"It's not about being in control, it's about being in the flow. Take time to fully live, breathe, and love. Today is a day worth remembering." ~ Sheri Fink

Day: _____

Today I…

Nurtured Myself:
- ☐ Meditated
- ☐ Worked out
- ☐ Journaled
- ☐ Had fun
- ☐ _____

Took Action Toward My Dreams:
- ☐ Read my affirmations
- ☐ Visualized my future
- ☐ Talked with Accountability Partner
- ☐ Read something uplifting
- ☐ _____

Made a Difference:
- ☐ Acknowledged someone
- ☐ Connected with someone
- ☐ Helped someone
- ☐ Inspired someone
- ☐ _____

My Top Priorities
1. _____
2. _____
3. _____
4. _____
5. _____

Today I Will Be…
1. _____
2. _____
3. _____
4. _____
5. _____

My Bold Ask: _____

I'm Grateful…
1. _____
2. _____
3. _____
4. _____
5. _____
6. _____
7. _____
8. _____

My Victories
1. _____
2. _____
3. _____
4. _____
5. _____
6. _____
7. _____
8. _____

My Ideas & Inspired Actions
1. _____
2. _____
3. _____
4. _____
5. _____

My Serendipities
1. _____
2. _____
3. _____
4. _____
5. _____

"It's not about being in control, it's about being in the flow. Take time to fully live, breathe, and love. Today is a day worth remembering." ~ Sheri Fink

Week: _____

Goals for the Week

1. _____

   Action Steps: _____

   _____

2. _____

   Action Steps: _____

   _____

3. _____

   Action Steps: _____

   _____

4. _____

   Action Steps: _____

   _____

5. _____

   Action Steps: _____

   _____

6. _____

   Action Steps: _____

   _____

7. _____

   Action Steps: _____

   _____

*"Don't let other people's limitations limit you.
Go for what you really want … You just might get it!"* ~ Sheri Fink

Day: _____

Today I...

Nurtured Myself:
- ☐ Meditated
- ☐ Worked out
- ☐ Journaled
- ☐ Had fun
- ☐ _____

Took Action Toward My Dreams:
- ☐ Read my affirmations
- ☐ Visualized my future
- ☐ Talked with Accountability Partner
- ☐ Read something uplifting
- ☐ _____

Made a Difference:
- ☐ Acknowledged someone
- ☐ Connected with someone
- ☐ Helped someone
- ☐ Inspired someone
- ☐ _____

My Top Priorities
1. _____
2. _____
3. _____
4. _____
5. _____

Today I Will Be...
1. _____
2. _____
3. _____
4. _____
5. _____

My Bold Ask: _____

I'm Grateful...
1. _____
2. _____
3. _____
4. _____
5. _____
6. _____
7. _____
8. _____

My Victories
1. _____
2. _____
3. _____
4. _____
5. _____
6. _____
7. _____
8. _____

My Ideas & Inspired Actions
1. _____
2. _____
3. _____
4. _____
5. _____

My Serendipities
1. _____
2. _____
3. _____
4. _____
5. _____

"Don't let other people's limitations limit you.
Go for what you really want ... You just might get it!" ~ Sheri Fink

Day: _____

Today I...

Nurtured Myself:
- ☐ Meditated
- ☐ Worked out
- ☐ Journaled
- ☐ Had fun
- ☐ _____

Took Action Toward My Dreams:
- ☐ Read my affirmations
- ☐ Visualized my future
- ☐ Talked with Accountability Partner
- ☐ Read something uplifting
- ☐ _____

Made a Difference:
- ☐ Acknowledged someone
- ☐ Connected with someone
- ☐ Helped someone
- ☐ Inspired someone
- ☐ _____

My Top Priorities
1. _____
2. _____
3. _____
4. _____
5. _____

Today I Will Be...
1. _____
2. _____
3. _____
4. _____
5. _____

My Bold Ask: _____

I'm Grateful...
1. _____
2. _____
3. _____
4. _____
5. _____
6. _____
7. _____
8. _____

My Victories
1. _____
2. _____
3. _____
4. _____
5. _____
6. _____
7. _____
8. _____

My Ideas & Inspired Actions
1. _____
2. _____
3. _____
4. _____
5. _____

My Serendipities
1. _____
2. _____
3. _____
4. _____
5. _____

"Don't let other people's limitations limit you.
Go for what you really want ... You just might get it!" ~ Sheri Fink

Day: _____

Today I...

Nurtured Myself:
- ☐ Meditated
- ☐ Worked out
- ☐ Journaled
- ☐ Had fun
- ☐ _____

Took Action Toward My Dreams:
- ☐ Read my affirmations
- ☐ Visualized my future
- ☐ Talked with Accountability Partner
- ☐ Read something uplifting
- ☐ _____

Made a Difference:
- ☐ Acknowledged someone
- ☐ Connected with someone
- ☐ Helped someone
- ☐ Inspired someone
- ☐ _____

My Top Priorities
1. _____
2. _____
3. _____
4. _____
5. _____

Today I Will Be...
1. _____
2. _____
3. _____
4. _____
5. _____

My Bold Ask: _____

I'm Grateful...
1. _____
2. _____
3. _____
4. _____
5. _____
6. _____
7. _____
8. _____

My Victories
1. _____
2. _____
3. _____
4. _____
5. _____
6. _____
7. _____
8. _____

My Ideas & Inspired Actions
1. _____
2. _____
3. _____
4. _____
5. _____

My Serendipities
1. _____
2. _____
3. _____
4. _____
5. _____

"Don't let other people's limitations limit you.
Go for what you really want ... You just might get it!" ~ Sheri Fink

Day: _____

Today I…

Nurtured Myself:
- ☐ Meditated
- ☐ Worked out
- ☐ Journaled
- ☐ Had fun
- ☐ _____

Took Action Toward My Dreams:
- ☐ Read my affirmations
- ☐ Visualized my future
- ☐ Talked with Accountability Partner
- ☐ Read something uplifting
- ☐ _____

Made a Difference:
- ☐ Acknowledged someone
- ☐ Connected with someone
- ☐ Helped someone
- ☐ Inspired someone
- ☐ _____

My Top Priorities
1. _____
2. _____
3. _____
4. _____
5. _____

Today I Will Be…
1. _____
2. _____
3. _____
4. _____
5. _____

My Bold Ask: _____

I'm Grateful…
1. _____
2. _____
3. _____
4. _____
5. _____
6. _____
7. _____
8. _____

My Victories
1. _____
2. _____
3. _____
4. _____
5. _____
6. _____
7. _____
8. _____

My Ideas & Inspired Actions
1. _____
2. _____
3. _____
4. _____
5. _____

My Serendipities
1. _____
2. _____
3. _____
4. _____
5. _____

*"Don't let other people's limitations limit you.
Go for what you really want … You just might get it!"* ~ Sheri Fink

Day: _____

Today I...

Nurtured Myself:
- ☐ Meditated
- ☐ Worked out
- ☐ Journaled
- ☐ Had fun
- ☐ _____

Took Action Toward My Dreams:
- ☐ Read my affirmations
- ☐ Visualized my future
- ☐ Talked with Accountability Partner
- ☐ Read something uplifting
- ☐ _____

Made a Difference:
- ☐ Acknowledged someone
- ☐ Connected with someone
- ☐ Helped someone
- ☐ Inspired someone
- ☐ _____

My Top Priorities
1. _____
2. _____
3. _____
4. _____
5. _____

Today I Will Be...
1. _____
2. _____
3. _____
4. _____
5. _____

My Bold Ask: _____

I'm Grateful...
1. _____
2. _____
3. _____
4. _____
5. _____
6. _____
7. _____
8. _____

My Victories
1. _____
2. _____
3. _____
4. _____
5. _____
6. _____
7. _____
8. _____

My Ideas & Inspired Actions
1. _____
2. _____
3. _____
4. _____
5. _____

My Serendipities
1. _____
2. _____
3. _____
4. _____
5. _____

"Don't let other people's limitations limit you.
Go for what you really want ... You just might get it!" ~ Sheri Fink

Day: _____

Today I...

Nurtured Myself:
- ☐ Meditated
- ☐ Worked out
- ☐ Journaled
- ☐ Had fun
- ☐ _____

Took Action Toward My Dreams:
- ☐ Read my affirmations
- ☐ Visualized my future
- ☐ Talked with Accountability Partner
- ☐ Read something uplifting
- ☐ _____

Made a Difference:
- ☐ Acknowledged someone
- ☐ Connected with someone
- ☐ Helped someone
- ☐ Inspired someone
- ☐ _____

My Top Priorities
1. _____
2. _____
3. _____
4. _____
5. _____

Today I Will Be...
1. _____
2. _____
3. _____
4. _____
5. _____

My Bold Ask: _____

I'm Grateful...
1. _____
2. _____
3. _____
4. _____
5. _____
6. _____
7. _____
8. _____

My Victories
1. _____
2. _____
3. _____
4. _____
5. _____
6. _____
7. _____
8. _____

My Ideas & Inspired Actions
1. _____
2. _____
3. _____
4. _____
5. _____

My Serendipities
1. _____
2. _____
3. _____
4. _____
5. _____

*"Don't let other people's limitations limit you.
Go for what you really want ... You just might get it!"* ~ Sheri Fink

Day: _____

Today I…

Nurtured Myself:
- ☐ Meditated
- ☐ Worked out
- ☐ Journaled
- ☐ Had fun
- ☐ _____

Took Action Toward My Dreams:
- ☐ Read my affirmations
- ☐ Visualized my future
- ☐ Talked with Accountability Partner
- ☐ Read something uplifting
- ☐ _____

Made a Difference:
- ☐ Acknowledged someone
- ☐ Connected with someone
- ☐ Helped someone
- ☐ Inspired someone
- ☐ _____

My Top Priorities
1. _____
2. _____
3. _____
4. _____
5. _____

Today I Will Be…
1. _____
2. _____
3. _____
4. _____
5. _____

My Bold Ask: _____

I'm Grateful…
1. _____
2. _____
3. _____
4. _____
5. _____
6. _____
7. _____
8. _____

My Victories
1. _____
2. _____
3. _____
4. _____
5. _____
6. _____
7. _____
8. _____

My Ideas & Inspired Actions
1. _____
2. _____
3. _____
4. _____
5. _____

My Serendipities
1. _____
2. _____
3. _____
4. _____
5. _____

"Don't let other people's limitations limit you.
Go for what you really want … You just might get it!" ~ Sheri Fink

Week: _____

Goals for the Week

1. _____

    Action Steps: _____

    _____

2. _____

    Action Steps: _____

    _____

3. _____

    Action Steps: _____

    _____

4. _____

    Action Steps: _____

    _____

5. _____

    Action Steps: _____

    _____

6. _____

    Action Steps: _____

    _____

7. _____

    Action Steps: _____

    _____

"When deciding whether or not to go for your dream, remember that you don't need a bigger net, you just need bigger wings!" ~ Sheri Fink

Day: _____

Today I…

Nurtured Myself:
- ☐ Meditated
- ☐ Worked out
- ☐ Journaled
- ☐ Had fun
- ☐ _____

Took Action Toward My Dreams:
- ☐ Read my affirmations
- ☐ Visualized my future
- ☐ Talked with Accountability Partner
- ☐ Read something uplifting
- ☐ _____

Made a Difference:
- ☐ Acknowledged someone
- ☐ Connected with someone
- ☐ Helped someone
- ☐ Inspired someone
- ☐ _____

My Top Priorities
1. _____
2. _____
3. _____
4. _____
5. _____

Today I Will Be…
1. _____
2. _____
3. _____
4. _____
5. _____

My Bold Ask: _____

I'm Grateful…
1. _____
2. _____
3. _____
4. _____
5. _____
6. _____
7. _____
8. _____

My Victories
1. _____
2. _____
3. _____
4. _____
5. _____
6. _____
7. _____
8. _____

My Ideas & Inspired Actions
1. _____
2. _____
3. _____
4. _____
5. _____

My Serendipities
1. _____
2. _____
3. _____
4. _____
5. _____

"When deciding whether or not to go for your dream, remember that you don't need a bigger net, you just need bigger wings!" ~ Sheri Fink

Day: _____

Today I...

Nurtured Myself:
- ☐ Meditated
- ☐ Worked out
- ☐ Journaled
- ☐ Had fun
- ☐ _____

Took Action Toward My Dreams:
- ☐ Read my affirmations
- ☐ Visualized my future
- ☐ Talked with Accountability Partner
- ☐ Read something uplifting
- ☐ _____

Made a Difference:
- ☐ Acknowledged someone
- ☐ Connected with someone
- ☐ Helped someone
- ☐ Inspired someone
- ☐ _____

My Top Priorities
1. _____
2. _____
3. _____
4. _____
5. _____

Today I Will Be...
1. _____
2. _____
3. _____
4. _____
5. _____

My Bold Ask: _____

I'm Grateful...
1. _____
2. _____
3. _____
4. _____
5. _____
6. _____
7. _____
8. _____

My Victories
1. _____
2. _____
3. _____
4. _____
5. _____
6. _____
7. _____
8. _____

My Ideas & Inspired Actions
1. _____
2. _____
3. _____
4. _____
5. _____

My Serendipities
1. _____
2. _____
3. _____
4. _____
5. _____

"When deciding whether or not to go for your dream, remember that you don't need a bigger net, you just need bigger wings!" ~ Sheri Fink

Day: _____

Today I...

Nurtured Myself:
- ☐ Meditated
- ☐ Worked out
- ☐ Journaled
- ☐ Had fun
- ☐ _____

Took Action Toward My Dreams:
- ☐ Read my affirmations
- ☐ Visualized my future
- ☐ Talked with Accountability Partner
- ☐ Read something uplifting
- ☐ _____

Made a Difference:
- ☐ Acknowledged someone
- ☐ Connected with someone
- ☐ Helped someone
- ☐ Inspired someone
- ☐ _____

My Top Priorities
1. _____
2. _____
3. _____
4. _____
5. _____

Today I Will Be...
1. _____
2. _____
3. _____
4. _____
5. _____

My Bold Ask: _____

I'm Grateful...
1. _____
2. _____
3. _____
4. _____
5. _____
6. _____
7. _____
8. _____

My Victories
1. _____
2. _____
3. _____
4. _____
5. _____
6. _____
7. _____
8. _____

My Ideas & Inspired Actions
1. _____
2. _____
3. _____
4. _____
5. _____

My Serendipities
1. _____
2. _____
3. _____
4. _____
5. _____

"When deciding whether or not to go for your dream, remember that you don't need a bigger net, you just need bigger wings!" ~ Sheri Fink

Day: _____

Today I…

Nurtured Myself:
- ☐ Meditated
- ☐ Worked out
- ☐ Journaled
- ☐ Had fun
- ☐ _____

Took Action Toward My Dreams:
- ☐ Read my affirmations
- ☐ Visualized my future
- ☐ Talked with Accountability Partner
- ☐ Read something uplifting
- ☐ _____

Made a Difference:
- ☐ Acknowledged someone
- ☐ Connected with someone
- ☐ Helped someone
- ☐ Inspired someone
- ☐ _____

My Top Priorities
1. _____
2. _____
3. _____
4. _____
5. _____

Today I Will Be…
1. _____
2. _____
3. _____
4. _____
5. _____

My Bold Ask: _____

I'm Grateful…
1. _____
2. _____
3. _____
4. _____
5. _____
6. _____
7. _____
8. _____

My Victories
1. _____
2. _____
3. _____
4. _____
5. _____
6. _____
7. _____
8. _____

My Ideas & Inspired Actions
1. _____
2. _____
3. _____
4. _____
5. _____

My Serendipities
1. _____
2. _____
3. _____
4. _____
5. _____

"When deciding whether or not to go for your dream, remember that you don't need a bigger net, you just need bigger wings!" ~ Sheri Fink

Day: _____

Today I...

Nurtured Myself:
- ☐ Meditated
- ☐ Worked out
- ☐ Journaled
- ☐ Had fun
- ☐ _____

Took Action Toward My Dreams:
- ☐ Read my affirmations
- ☐ Visualized my future
- ☐ Talked with Accountability Partner
- ☐ Read something uplifting
- ☐ _____

Made a Difference:
- ☐ Acknowledged someone
- ☐ Connected with someone
- ☐ Helped someone
- ☐ Inspired someone
- ☐ _____

My Top Priorities
1. _____
2. _____
3. _____
4. _____
5. _____

Today I Will Be...
1. _____
2. _____
3. _____
4. _____
5. _____

My Bold Ask: _____

I'm Grateful...
1. _____
2. _____
3. _____
4. _____
5. _____
6. _____
7. _____
8. _____

My Victories
1. _____
2. _____
3. _____
4. _____
5. _____
6. _____
7. _____
8. _____

My Ideas & Inspired Actions
1. _____
2. _____
3. _____
4. _____
5. _____

My Serendipities
1. _____
2. _____
3. _____
4. _____
5. _____

"When deciding whether or not to go for your dream, remember that you don't need a bigger net, you just need bigger wings!" ~ Sheri Fink

Day: _____

Today I...

Nurtured Myself:
- ☐ Meditated
- ☐ Worked out
- ☐ Journaled
- ☐ Had fun
- ☐ _____

Took Action Toward My Dreams:
- ☐ Read my affirmations
- ☐ Visualized my future
- ☐ Talked with Accountability Partner
- ☐ Read something uplifting
- ☐ _____

Made a Difference:
- ☐ Acknowledged someone
- ☐ Connected with someone
- ☐ Helped someone
- ☐ Inspired someone
- ☐ _____

My Top Priorities
1. _____
2. _____
3. _____
4. _____
5. _____

Today I Will Be...
1. _____
2. _____
3. _____
4. _____
5. _____

My Bold Ask: _____

I'm Grateful...
1. _____
2. _____
3. _____
4. _____
5. _____
6. _____
7. _____
8. _____

My Victories
1. _____
2. _____
3. _____
4. _____
5. _____
6. _____
7. _____
8. _____

My Ideas & Inspired Actions
1. _____
2. _____
3. _____
4. _____
5. _____

My Serendipities
1. _____
2. _____
3. _____
4. _____
5. _____

"When deciding whether or not to go for your dream, remember that you don't need a bigger net, you just need bigger wings!" ~ Sheri Fink

Day: _____

Today I...

Nurtured Myself:
- ☐ Meditated
- ☐ Worked out
- ☐ Journaled
- ☐ Had fun
- ☐ _____

Took Action Toward My Dreams:
- ☐ Read my affirmations
- ☐ Visualized my future
- ☐ Talked with Accountability Partner
- ☐ Read something uplifting
- ☐ _____

Made a Difference:
- ☐ Acknowledged someone
- ☐ Connected with someone
- ☐ Helped someone
- ☐ Inspired someone
- ☐ _____

My Top Priorities
1. _____
2. _____
3. _____
4. _____
5. _____

Today I Will Be...
1. _____
2. _____
3. _____
4. _____
5. _____

My Bold Ask: _____

I'm Grateful...
1. _____
2. _____
3. _____
4. _____
5. _____
6. _____
7. _____
8. _____

My Victories
1. _____
2. _____
3. _____
4. _____
5. _____
6. _____
7. _____
8. _____

My Ideas & Inspired Actions
1. _____
2. _____
3. _____
4. _____
5. _____

My Serendipities
1. _____
2. _____
3. _____
4. _____
5. _____

"When deciding whether or not to go for your dream, remember that you don't need a bigger net, you just need bigger wings!" ~ Sheri Fink

Week: _____

Goals for the Week

1. _____

   Action Steps: _____

   _____

2. _____

   Action Steps: _____

   _____

3. _____

   Action Steps: _____

   _____

4. _____

   Action Steps: _____

   _____

5. _____

   Action Steps: _____

   _____

6. _____

   Action Steps: _____

   _____

7. _____

   Action Steps: _____

   _____

"Don't sit on the sidelines of your own life. Get in the game. Play to win!" ~ Sheri Fink

Day: _____

Today I...

Nurtured Myself:
- ☐ Meditated
- ☐ Worked out
- ☐ Journaled
- ☐ Had fun
- ☐ _____

Took Action Toward My Dreams:
- ☐ Read my affirmations
- ☐ Visualized my future
- ☐ Talked with Accountability Partner
- ☐ Read something uplifting
- ☐ _____

Made a Difference:
- ☐ Acknowledged someone
- ☐ Connected with someone
- ☐ Helped someone
- ☐ Inspired someone
- ☐ _____

My Top Priorities
1. _____
2. _____
3. _____
4. _____
5. _____

Today I Will Be...
1. _____
2. _____
3. _____
4. _____
5. _____

My Bold Ask: _____

I'm Grateful...
1. _____
2. _____
3. _____
4. _____
5. _____
6. _____
7. _____
8. _____

My Victories
1. _____
2. _____
3. _____
4. _____
5. _____
6. _____
7. _____
8. _____

My Ideas & Inspired Actions
1. _____
2. _____
3. _____
4. _____
5. _____

My Serendipities
1. _____
2. _____
3. _____
4. _____
5. _____

"Don't sit on the sidelines of your own life. Get in the game. Play to win!" ~ Sheri Fink

☙

Day: _____

Today I…

Nurtured Myself:
- ☐ Meditated
- ☐ Worked out
- ☐ Journaled
- ☐ Had fun
- ☐ _____

Took Action Toward My Dreams:
- ☐ Read my affirmations
- ☐ Visualized my future
- ☐ Talked with Accountability Partner
- ☐ Read something uplifting
- ☐ _____

Made a Difference:
- ☐ Acknowledged someone
- ☐ Connected with someone
- ☐ Helped someone
- ☐ Inspired someone
- ☐ _____

My Top Priorities
1. _____
2. _____
3. _____
4. _____
5. _____

Today I Will Be…
1. _____
2. _____
3. _____
4. _____
5. _____

My Bold Ask: _____

I'm Grateful…
1. _____
2. _____
3. _____
4. _____
5. _____
6. _____
7. _____
8. _____

My Victories
1. _____
2. _____
3. _____
4. _____
5. _____
6. _____
7. _____
8. _____

My Ideas & Inspired Actions
1. _____
2. _____
3. _____
4. _____
5. _____

My Serendipities
1. _____
2. _____
3. _____
4. _____
5. _____

"Don't sit on the sidelines of your own life. Get in the game. Play to win!" ~ Sheri Fink

Day: _____

Today I...

Nurtured Myself:
- ☐ Meditated
- ☐ Worked out
- ☐ Journaled
- ☐ Had fun
- ☐ _____

Took Action Toward My Dreams:
- ☐ Read my affirmations
- ☐ Visualized my future
- ☐ Talked with Accountability Partner
- ☐ Read something uplifting
- ☐ _____

Made a Difference:
- ☐ Acknowledged someone
- ☐ Connected with someone
- ☐ Helped someone
- ☐ Inspired someone
- ☐ _____

My Top Priorities
1. _____
2. _____
3. _____
4. _____
5. _____

Today I Will Be...
1. _____
2. _____
3. _____
4. _____
5. _____

My Bold Ask: _____

I'm Grateful...
1. _____
2. _____
3. _____
4. _____
5. _____
6. _____
7. _____
8. _____

My Victories
1. _____
2. _____
3. _____
4. _____
5. _____
6. _____
7. _____
8. _____

My Ideas & Inspired Actions
1. _____
2. _____
3. _____
4. _____
5. _____

My Serendipities
1. _____
2. _____
3. _____
4. _____
5. _____

"Don't sit on the sidelines of your own life. Get in the game. Play to win!" ~ Sheri Fink

Day: _____

Today I…

Nurtured Myself:
- ☐ Meditated
- ☐ Worked out
- ☐ Journaled
- ☐ Had fun
- ☐ _____

Took Action Toward My Dreams:
- ☐ Read my affirmations
- ☐ Visualized my future
- ☐ Talked with Accountability Partner
- ☐ Read something uplifting
- ☐ _____

Made a Difference:
- ☐ Acknowledged someone
- ☐ Connected with someone
- ☐ Helped someone
- ☐ Inspired someone
- ☐ _____

My Top Priorities
1. _____
2. _____
3. _____
4. _____
5. _____

Today I Will Be…
1. _____
2. _____
3. _____
4. _____
5. _____

My Bold Ask: _____

I'm Grateful…
1. _____
2. _____
3. _____
4. _____
5. _____
6. _____
7. _____
8. _____

My Victories
1. _____
2. _____
3. _____
4. _____
5. _____
6. _____
7. _____
8. _____

My Ideas & Inspired Actions
1. _____
2. _____
3. _____
4. _____
5. _____

My Serendipities
1. _____
2. _____
3. _____
4. _____
5. _____

"Don't sit on the sidelines of your own life. Get in the game. Play to win!" ~ Sheri Fink

Day: _____

Today I...

Nurtured Myself:
- ☐ Meditated
- ☐ Worked out
- ☐ Journaled
- ☐ Had fun
- ☐ _____

Took Action Toward My Dreams:
- ☐ Read my affirmations
- ☐ Visualized my future
- ☐ Talked with Accountability Partner
- ☐ Read something uplifting
- ☐ _____

Made a Difference:
- ☐ Acknowledged someone
- ☐ Connected with someone
- ☐ Helped someone
- ☐ Inspired someone
- ☐ _____

My Top Priorities
1. _____
2. _____
3. _____
4. _____
5. _____

Today I Will Be...
1. _____
2. _____
3. _____
4. _____
5. _____

My Bold Ask: _____

I'm Grateful...
1. _____
2. _____
3. _____
4. _____
5. _____
6. _____
7. _____
8. _____

My Victories
1. _____
2. _____
3. _____
4. _____
5. _____
6. _____
7. _____
8. _____

My Ideas & Inspired Actions
1. _____
2. _____
3. _____
4. _____
5. _____

My Serendipities
1. _____
2. _____
3. _____
4. _____
5. _____

"Don't sit on the sidelines of your own life. Get in the game. Play to win!" ~ Sheri Fink

Day: _____

Today I...

Nurtured Myself:
- ☐ Meditated
- ☐ Worked out
- ☐ Journaled
- ☐ Had fun
- ☐ _____

Took Action Toward My Dreams:
- ☐ Read my affirmations
- ☐ Visualized my future
- ☐ Talked with Accountability Partner
- ☐ Read something uplifting
- ☐ _____

Made a Difference:
- ☐ Acknowledged someone
- ☐ Connected with someone
- ☐ Helped someone
- ☐ Inspired someone
- ☐ _____

My Top Priorities
1. _____
2. _____
3. _____
4. _____
5. _____

Today I Will Be...
1. _____
2. _____
3. _____
4. _____
5. _____

My Bold Ask: _____

I'm Grateful...
1. _____
2. _____
3. _____
4. _____
5. _____
6. _____
7. _____
8. _____

My Victories
1. _____
2. _____
3. _____
4. _____
5. _____
6. _____
7. _____
8. _____

My Ideas & Inspired Actions
1. _____
2. _____
3. _____
4. _____
5. _____

My Serendipities
1. _____
2. _____
3. _____
4. _____
5. _____

"Don't sit on the sidelines of your own life. Get in the game. Play to win!" ~ Sheri Fink

Day: _____

Today I...

Nurtured Myself:
- ☐ Meditated
- ☐ Worked out
- ☐ Journaled
- ☐ Had fun
- ☐ _____

Took Action Toward My Dreams:
- ☐ Read my affirmations
- ☐ Visualized my future
- ☐ Talked with Accountability Partner
- ☐ Read something uplifting
- ☐ _____

Made a Difference:
- ☐ Acknowledged someone
- ☐ Connected with someone
- ☐ Helped someone
- ☐ Inspired someone
- ☐ _____

My Top Priorities
1. _____
2. _____
3. _____
4. _____
5. _____

Today I Will Be...
1. _____
2. _____
3. _____
4. _____
5. _____

My Bold Ask: _____

I'm Grateful...
1. _____
2. _____
3. _____
4. _____
5. _____
6. _____
7. _____
8. _____

My Victories
1. _____
2. _____
3. _____
4. _____
5. _____
6. _____
7. _____
8. _____

My Ideas & Inspired Actions
1. _____
2. _____
3. _____
4. _____
5. _____

My Serendipities
1. _____
2. _____
3. _____
4. _____
5. _____

"Don't sit on the sidelines of your own life. Get in the game. Play to win!" ~ Sheri Fink

Week: _____

Goals for the Week

1. _____

    Action Steps: _____

    _____

2. _____

    Action Steps: _____

    _____

3. _____

    Action Steps: _____

    _____

4. _____

    Action Steps: _____

    _____

5. _____

    Action Steps: _____

    _____

6. _____

    Action Steps: _____

    _____

7. _____

    Action Steps: _____

    _____

"Our daily habits will determine our environment, our friends, our opportunities, and ultimately our destiny in life." ~ Sheri Fink

Day: _____

Today I...

Nurtured Myself:
- ☐ Meditated
- ☐ Worked out
- ☐ Journaled
- ☐ Had fun
- ☐ _____

Took Action Toward My Dreams:
- ☐ Read my affirmations
- ☐ Visualized my future
- ☐ Talked with Accountability Partner
- ☐ Read something uplifting
- ☐ _____

Made a Difference:
- ☐ Acknowledged someone
- ☐ Connected with someone
- ☐ Helped someone
- ☐ Inspired someone
- ☐ _____

My Top Priorities
1. _____
2. _____
3. _____
4. _____
5. _____

Today I Will Be...
1. _____
2. _____
3. _____
4. _____
5. _____

My Bold Ask: _____

I'm Grateful...
1. _____
2. _____
3. _____
4. _____
5. _____
6. _____
7. _____
8. _____

My Victories
1. _____
2. _____
3. _____
4. _____
5. _____
6. _____
7. _____
8. _____

My Ideas & Inspired Actions
1. _____
2. _____
3. _____
4. _____
5. _____

My Serendipities
1. _____
2. _____
3. _____
4. _____
5. _____

"Our daily habits will determine our environment, our friends, our opportunities, and ultimately our destiny in life." ~ Sheri Fink

Day: _____

Today I…

Nurtured Myself:
- ☐ Meditated
- ☐ Worked out
- ☐ Journaled
- ☐ Had fun
- ☐ _____

Took Action Toward My Dreams:
- ☐ Read my affirmations
- ☐ Visualized my future
- ☐ Talked with Accountability Partner
- ☐ Read something uplifting
- ☐ _____

Made a Difference:
- ☐ Acknowledged someone
- ☐ Connected with someone
- ☐ Helped someone
- ☐ Inspired someone
- ☐ _____

My Top Priorities
1. _____
2. _____
3. _____
4. _____
5. _____

Today I Will Be…
1. _____
2. _____
3. _____
4. _____
5. _____

My Bold Ask: _____

I'm Grateful…
1. _____
2. _____
3. _____
4. _____
5. _____
6. _____
7. _____
8. _____

My Victories
1. _____
2. _____
3. _____
4. _____
5. _____
6. _____
7. _____
8. _____

My Ideas & Inspired Actions
1. _____
2. _____
3. _____
4. _____
5. _____

My Serendipities
1. _____
2. _____
3. _____
4. _____
5. _____

"Our daily habits will determine our environment, our friends, our opportunities, and ultimately our destiny in life." ~ Sheri Fink

Day: _____

Today I...

Nurtured Myself:
- ☐ Meditated
- ☐ Worked out
- ☐ Journaled
- ☐ Had fun
- ☐ _____

Took Action Toward My Dreams:
- ☐ Read my affirmations
- ☐ Visualized my future
- ☐ Talked with Accountability Partner
- ☐ Read something uplifting
- ☐ _____

Made a Difference:
- ☐ Acknowledged someone
- ☐ Connected with someone
- ☐ Helped someone
- ☐ Inspired someone
- ☐ _____

My Top Priorities
1. _____
2. _____
3. _____
4. _____
5. _____

Today I Will Be...
1. _____
2. _____
3. _____
4. _____
5. _____

My Bold Ask: _____

I'm Grateful...
1. _____
2. _____
3. _____
4. _____
5. _____
6. _____
7. _____
8. _____

My Victories
1. _____
2. _____
3. _____
4. _____
5. _____
6. _____
7. _____
8. _____

My Ideas & Inspired Actions
1. _____
2. _____
3. _____
4. _____
5. _____

My Serendipities
1. _____
2. _____
3. _____
4. _____
5. _____

"Our daily habits will determine our environment, our friends, our opportunities, and ultimately our destiny in life." ~ Sheri Fink

Day: _____

Today I...

Nurtured Myself:
- ☐ Meditated
- ☐ Worked out
- ☐ Journaled
- ☐ Had fun
- ☐ _____

Took Action Toward My Dreams:
- ☐ Read my affirmations
- ☐ Visualized my future
- ☐ Talked with Accountability Partner
- ☐ Read something uplifting
- ☐ _____

Made a Difference:
- ☐ Acknowledged someone
- ☐ Connected with someone
- ☐ Helped someone
- ☐ Inspired someone
- ☐ _____

My Top Priorities
1. _____
2. _____
3. _____
4. _____
5. _____

Today I Will Be...
1. _____
2. _____
3. _____
4. _____
5. _____

My Bold Ask: _____

I'm Grateful...
1. _____
2. _____
3. _____
4. _____
5. _____
6. _____
7. _____
8. _____

My Victories
1. _____
2. _____
3. _____
4. _____
5. _____
6. _____
7. _____
8. _____

My Ideas & Inspired Actions
1. _____
2. _____
3. _____
4. _____
5. _____

My Serendipities
1. _____
2. _____
3. _____
4. _____
5. _____

"Our daily habits will determine our environment, our friends, our opportunities, and ultimately our destiny in life." ~ Sheri Fink

Day: _____

Today I...

Nurtured Myself:
- ☐ Meditated
- ☐ Worked out
- ☐ Journaled
- ☐ Had fun
- ☐ _____

Took Action Toward My Dreams:
- ☐ Read my affirmations
- ☐ Visualized my future
- ☐ Talked with Accountability Partner
- ☐ Read something uplifting
- ☐ _____

Made a Difference:
- ☐ Acknowledged someone
- ☐ Connected with someone
- ☐ Helped someone
- ☐ Inspired someone
- ☐ _____

My Top Priorities
1. _____
2. _____
3. _____
4. _____
5. _____

Today I Will Be...
1. _____
2. _____
3. _____
4. _____
5. _____

My Bold Ask: _____

I'm Grateful...
1. _____
2. _____
3. _____
4. _____
5. _____
6. _____
7. _____
8. _____

My Victories
1. _____
2. _____
3. _____
4. _____
5. _____
6. _____
7. _____
8. _____

My Ideas & Inspired Actions
1. _____
2. _____
3. _____
4. _____
5. _____

My Serendipities
1. _____
2. _____
3. _____
4. _____
5. _____

"Our daily habits will determine our environment, our friends, our opportunities, and ultimately our destiny in life." ~ Sheri Fink

Day: _____

Today I...

Nurtured Myself:
- ☐ Meditated
- ☐ Worked out
- ☐ Journaled
- ☐ Had fun
- ☐ _____

Took Action Toward My Dreams:
- ☐ Read my affirmations
- ☐ Visualized my future
- ☐ Talked with Accountability Partner
- ☐ Read something uplifting
- ☐ _____

Made a Difference:
- ☐ Acknowledged someone
- ☐ Connected with someone
- ☐ Helped someone
- ☐ Inspired someone
- ☐ _____

My Top Priorities
1. _____
2. _____
3. _____
4. _____
5. _____

Today I Will Be...
1. _____
2. _____
3. _____
4. _____
5. _____

My Bold Ask: _____

I'm Grateful...
1. _____
2. _____
3. _____
4. _____
5. _____
6. _____
7. _____
8. _____

My Victories
1. _____
2. _____
3. _____
4. _____
5. _____
6. _____
7. _____
8. _____

My Ideas & Inspired Actions
1. _____
2. _____
3. _____
4. _____
5. _____

My Serendipities
1. _____
2. _____
3. _____
4. _____
5. _____

"Our daily habits will determine our environment, our friends, our opportunities, and ultimately our destiny in life." ~ Sheri Fink

Day: _____

Today I...

Nurtured Myself:
- ☐ Meditated
- ☐ Worked out
- ☐ Journaled
- ☐ Had fun
- ☐ _____

Took Action Toward My Dreams:
- ☐ Read my affirmations
- ☐ Visualized my future
- ☐ Talked with Accountability Partner
- ☐ Read something uplifting
- ☐ _____

Made a Difference:
- ☐ Acknowledged someone
- ☐ Connected with someone
- ☐ Helped someone
- ☐ Inspired someone
- ☐ _____

My Top Priorities
1. _____
2. _____
3. _____
4. _____
5. _____

Today I Will Be...
1. _____
2. _____
3. _____
4. _____
5. _____

My Bold Ask: _____

I'm Grateful...
1. _____
2. _____
3. _____
4. _____
5. _____
6. _____
7. _____
8. _____

My Victories
1. _____
2. _____
3. _____
4. _____
5. _____
6. _____
7. _____
8. _____

My Ideas & Inspired Actions
1. _____
2. _____
3. _____
4. _____
5. _____

My Serendipities
1. _____
2. _____
3. _____
4. _____
5. _____

"Our daily habits will determine our environment, our friends, our opportunities, and ultimately our destiny in life." ~ Sheri Fink

Week: _____

Goals for the Week

1. _____

    Action Steps: _____

    _____

2. _____

    Action Steps: _____

    _____

3. _____

    Action Steps: _____

    _____

4. _____

    Action Steps: _____

    _____

5. _____

    Action Steps: _____

    _____

6. _____

    Action Steps: _____

    _____

7. _____

    Action Steps: _____

    _____

"Fully embrace your destiny and magic will unfold in unexpected ways faster than you can imagine." ~ Sheri Fink

Day: _____

Today I...

Nurtured Myself:
- ☐ Meditated
- ☐ Worked out
- ☐ Journaled
- ☐ Had fun
- ☐ _____

Took Action Toward My Dreams:
- ☐ Read my affirmations
- ☐ Visualized my future
- ☐ Talked with Accountability Partner
- ☐ Read something uplifting
- ☐ _____

Made a Difference:
- ☐ Acknowledged someone
- ☐ Connected with someone
- ☐ Helped someone
- ☐ Inspired someone
- ☐ _____

My Top Priorities
1. _____
2. _____
3. _____
4. _____
5. _____

Today I Will Be...
1. _____
2. _____
3. _____
4. _____
5. _____

My Bold Ask: _____

I'm Grateful...
1. _____
2. _____
3. _____
4. _____
5. _____
6. _____
7. _____
8. _____

My Victories
1. _____
2. _____
3. _____
4. _____
5. _____
6. _____
7. _____
8. _____

My Ideas & Inspired Actions
1. _____
2. _____
3. _____
4. _____
5. _____

My Serendipities
1. _____
2. _____
3. _____
4. _____
5. _____

"Fully embrace your destiny and magic will unfold in unexpected ways faster than you can imagine." ~ Sheri Fink

Day: _____

Today I...

Nurtured Myself:
- ☐ Meditated
- ☐ Worked out
- ☐ Journaled
- ☐ Had fun
- ☐ _____

Took Action Toward My Dreams:
- ☐ Read my affirmations
- ☐ Visualized my future
- ☐ Talked with Accountability Partner
- ☐ Read something uplifting
- ☐ _____

Made a Difference:
- ☐ Acknowledged someone
- ☐ Connected with someone
- ☐ Helped someone
- ☐ Inspired someone
- ☐ _____

My Top Priorities
1. _____
2. _____
3. _____
4. _____
5. _____

Today I Will Be...
1. _____
2. _____
3. _____
4. _____
5. _____

My Bold Ask: _____

I'm Grateful...
1. _____
2. _____
3. _____
4. _____
5. _____
6. _____
7. _____
8. _____

My Victories
1. _____
2. _____
3. _____
4. _____
5. _____
6. _____
7. _____
8. _____

My Ideas & Inspired Actions
1. _____
2. _____
3. _____
4. _____
5. _____

My Serendipities
1. _____
2. _____
3. _____
4. _____
5. _____

"Fully embrace your destiny and magic will unfold in unexpected ways faster than you can imagine." ~ Sheri Fink

Day: _____

Today I...

Nurtured Myself:
- ☐ Meditated
- ☐ Worked out
- ☐ Journaled
- ☐ Had fun
- ☐ _____

Took Action Toward My Dreams:
- ☐ Read my affirmations
- ☐ Visualized my future
- ☐ Talked with Accountability Partner
- ☐ Read something uplifting
- ☐ _____

Made a Difference:
- ☐ Acknowledged someone
- ☐ Connected with someone
- ☐ Helped someone
- ☐ Inspired someone
- ☐ _____

My Top Priorities
1. _____
2. _____
3. _____
4. _____
5. _____

Today I Will Be...
1. _____
2. _____
3. _____
4. _____
5. _____

My Bold Ask: _____

I'm Grateful...
1. _____
2. _____
3. _____
4. _____
5. _____
6. _____
7. _____
8. _____

My Victories
1. _____
2. _____
3. _____
4. _____
5. _____
6. _____
7. _____
8. _____

My Ideas & Inspired Actions
1. _____
2. _____
3. _____
4. _____
5. _____

My Serendipities
1. _____
2. _____
3. _____
4. _____
5. _____

"Fully embrace your destiny and magic will unfold in unexpected ways faster than you can imagine." ~ Sheri Fink

Day: _____

Today I...

Nurtured Myself:
- ☐ Meditated
- ☐ Worked out
- ☐ Journaled
- ☐ Had fun
- ☐ _____

Took Action Toward My Dreams:
- ☐ Read my affirmations
- ☐ Visualized my future
- ☐ Talked with Accountability Partner
- ☐ Read something uplifting
- ☐ _____

Made a Difference:
- ☐ Acknowledged someone
- ☐ Connected with someone
- ☐ Helped someone
- ☐ Inspired someone
- ☐ _____

My Top Priorities
1. _____
2. _____
3. _____
4. _____
5. _____

Today I Will Be...
1. _____
2. _____
3. _____
4. _____
5. _____

My Bold Ask: _____

I'm Grateful...
1. _____
2. _____
3. _____
4. _____
5. _____
6. _____
7. _____
8. _____

My Victories
1. _____
2. _____
3. _____
4. _____
5. _____
6. _____
7. _____
8. _____

My Ideas & Inspired Actions
1. _____
2. _____
3. _____
4. _____
5. _____

My Serendipities
1. _____
2. _____
3. _____
4. _____
5. _____

"Fully embrace your destiny and magic will unfold in unexpected ways faster than you can imagine." ~ Sheri Fink

Day: _____

Today I...

Nurtured Myself:
- ☐ Meditated
- ☐ Worked out
- ☐ Journaled
- ☐ Had fun
- ☐ _____

Took Action Toward My Dreams:
- ☐ Read my affirmations
- ☐ Visualized my future
- ☐ Talked with Accountability Partner
- ☐ Read something uplifting
- ☐ _____

Made a Difference:
- ☐ Acknowledged someone
- ☐ Connected with someone
- ☐ Helped someone
- ☐ Inspired someone
- ☐ _____

My Top Priorities
1. _____
2. _____
3. _____
4. _____
5. _____

Today I Will Be...
1. _____
2. _____
3. _____
4. _____
5. _____

My Bold Ask: _____

I'm Grateful...
1. _____
2. _____
3. _____
4. _____
5. _____
6. _____
7. _____
8. _____

My Victories
1. _____
2. _____
3. _____
4. _____
5. _____
6. _____
7. _____
8. _____

My Ideas & Inspired Actions
1. _____
2. _____
3. _____
4. _____
5. _____

My Serendipities
1. _____
2. _____
3. _____
4. _____
5. _____

"Fully embrace your destiny and magic will unfold in unexpected ways faster than you can imagine." ~ Sheri Fink

Day: _____

Today I…

Nurtured Myself:
- ☐ Meditated
- ☐ Worked out
- ☐ Journaled
- ☐ Had fun
- ☐ _____

Took Action Toward My Dreams:
- ☐ Read my affirmations
- ☐ Visualized my future
- ☐ Talked with Accountability Partner
- ☐ Read something uplifting
- ☐ _____

Made a Difference:
- ☐ Acknowledged someone
- ☐ Connected with someone
- ☐ Helped someone
- ☐ Inspired someone
- ☐ _____

My Top Priorities
1. _____
2. _____
3. _____
4. _____
5. _____

Today I Will Be…
1. _____
2. _____
3. _____
4. _____
5. _____

My Bold Ask: _____

I'm Grateful…
1. _____
2. _____
3. _____
4. _____
5. _____
6. _____
7. _____
8. _____

My Victories
1. _____
2. _____
3. _____
4. _____
5. _____
6. _____
7. _____
8. _____

My Ideas & Inspired Actions
1. _____
2. _____
3. _____
4. _____
5. _____

My Serendipities
1. _____
2. _____
3. _____
4. _____
5. _____

"Fully embrace your destiny and magic will unfold in unexpected ways faster than you can imagine." ~ Sheri Fink

Day: _____

Today I...

Nurtured Myself:
- ☐ Meditated
- ☐ Worked out
- ☐ Journaled
- ☐ Had fun
- ☐ _____

Took Action Toward My Dreams:
- ☐ Read my affirmations
- ☐ Visualized my future
- ☐ Talked with Accountability Partner
- ☐ Read something uplifting
- ☐ _____

Made a Difference:
- ☐ Acknowledged someone
- ☐ Connected with someone
- ☐ Helped someone
- ☐ Inspired someone
- ☐ _____

My Top Priorities
1. _____
2. _____
3. _____
4. _____
5. _____

Today I Will Be...
1. _____
2. _____
3. _____
4. _____
5. _____

My Bold Ask: _____

I'm Grateful...
1. _____
2. _____
3. _____
4. _____
5. _____
6. _____
7. _____
8. _____

My Victories
1. _____
2. _____
3. _____
4. _____
5. _____
6. _____
7. _____
8. _____

My Ideas & Inspired Actions
1. _____
2. _____
3. _____
4. _____
5. _____

My Serendipities
1. _____
2. _____
3. _____
4. _____
5. _____

"Fully embrace your destiny and magic will unfold in unexpected ways faster than you can imagine." ~ Sheri Fink

Week: _____

Goals for the Week

1. _____

   Action Steps: _____

   _____

2. _____

   Action Steps: _____

   _____

3. _____

   Action Steps: _____

   _____

4. _____

   Action Steps: _____

   _____

5. _____

   Action Steps: _____

   _____

6. _____

   Action Steps: _____

   _____

7. _____

   Action Steps: _____

   _____

"If you don't do the work, you don't get the reward." ~ Sheri Fink

Day: _____

Today I...

Nurtured Myself:
- ☐ Meditated
- ☐ Worked out
- ☐ Journaled
- ☐ Had fun
- ☐ _____

Took Action Toward My Dreams:
- ☐ Read my affirmations
- ☐ Visualized my future
- ☐ Talked with Accountability Partner
- ☐ Read something uplifting
- ☐ _____

Made a Difference:
- ☐ Acknowledged someone
- ☐ Connected with someone
- ☐ Helped someone
- ☐ Inspired someone
- ☐ _____

My Top Priorities
1. _____
2. _____
3. _____
4. _____
5. _____

Today I Will Be...
1. _____
2. _____
3. _____
4. _____
5. _____

My Bold Ask: _____

I'm Grateful...
1. _____
2. _____
3. _____
4. _____
5. _____
6. _____
7. _____
8. _____

My Victories
1. _____
2. _____
3. _____
4. _____
5. _____
6. _____
7. _____
8. _____

My Ideas & Inspired Actions
1. _____
2. _____
3. _____
4. _____
5. _____

My Serendipities
1. _____
2. _____
3. _____
4. _____
5. _____

"If you don't do the work, you don't get the reward." ~ Sheri Fink

Day: _____

Today I...

Nurtured Myself:
- ☐ Meditated
- ☐ Worked out
- ☐ Journaled
- ☐ Had fun
- ☐ _____

Took Action Toward My Dreams:
- ☐ Read my affirmations
- ☐ Visualized my future
- ☐ Talked with Accountability Partner
- ☐ Read something uplifting
- ☐ _____

Made a Difference:
- ☐ Acknowledged someone
- ☐ Connected with someone
- ☐ Helped someone
- ☐ Inspired someone
- ☐ _____

My Top Priorities
1. _____
2. _____
3. _____
4. _____
5. _____

Today I Will Be...
1. _____
2. _____
3. _____
4. _____
5. _____

My Bold Ask: _____

I'm Grateful...
1. _____
2. _____
3. _____
4. _____
5. _____
6. _____
7. _____
8. _____

My Victories
1. _____
2. _____
3. _____
4. _____
5. _____
6. _____
7. _____
8. _____

My Ideas & Inspired Actions
1. _____
2. _____
3. _____
4. _____
5. _____

My Serendipities
1. _____
2. _____
3. _____
4. _____
5. _____

"If you don't do the work, you don't get the reward." ~ Sheri Fink

Day: _____

Today I...

Nurtured Myself:
- ☐ Meditated
- ☐ Worked out
- ☐ Journaled
- ☐ Had fun
- ☐ _____

Took Action Toward My Dreams:
- ☐ Read my affirmations
- ☐ Visualized my future
- ☐ Talked with Accountability Partner
- ☐ Read something uplifting
- ☐ _____

Made a Difference:
- ☐ Acknowledged someone
- ☐ Connected with someone
- ☐ Helped someone
- ☐ Inspired someone
- ☐ _____

My Top Priorities
1. _____
2. _____
3. _____
4. _____
5. _____

Today I Will Be…
1. _____
2. _____
3. _____
4. _____
5. _____

My Bold Ask: _____

I'm Grateful…
1. _____
2. _____
3. _____
4. _____
5. _____
6. _____
7. _____
8. _____

My Victories
1. _____
2. _____
3. _____
4. _____
5. _____
6. _____
7. _____
8. _____

My Ideas & Inspired Actions
1. _____
2. _____
3. _____
4. _____
5. _____

My Serendipities
1. _____
2. _____
3. _____
4. _____
5. _____

"If you don't do the work, you don't get the reward." ~ Sheri Fink

Day: _____

Today I...

Nurtured Myself:
- ☐ Meditated
- ☐ Worked out
- ☐ Journaled
- ☐ Had fun
- ☐ _____

Took Action Toward My Dreams:
- ☐ Read my affirmations
- ☐ Visualized my future
- ☐ Talked with Accountability Partner
- ☐ Read something uplifting
- ☐ _____

Made a Difference:
- ☐ Acknowledged someone
- ☐ Connected with someone
- ☐ Helped someone
- ☐ Inspired someone
- ☐ _____

My Top Priorities
1. _____
2. _____
3. _____
4. _____
5. _____

Today I Will Be...
1. _____
2. _____
3. _____
4. _____
5. _____

My Bold Ask: _____

I'm Grateful...
1. _____
2. _____
3. _____
4. _____
5. _____
6. _____
7. _____
8. _____

My Victories
1. _____
2. _____
3. _____
4. _____
5. _____
6. _____
7. _____
8. _____

My Ideas & Inspired Actions
1. _____
2. _____
3. _____
4. _____
5. _____

My Serendipities
1. _____
2. _____
3. _____
4. _____
5. _____

"If you don't do the work, you don't get the reward." ~ Sheri Fink

Day: _____

Today I...

Nurtured Myself:
☐ Meditated
☐ Worked out
☐ Journaled
☐ Had fun
☐ _____

Took Action Toward My Dreams:
☐ Read my affirmations
☐ Visualized my future
☐ Talked with Accountability Partner
☐ Read something uplifting
☐ _____

Made a Difference:
☐ Acknowledged someone
☐ Connected with someone
☐ Helped someone
☐ Inspired someone
☐ _____

My Top Priorities
1. _____
2. _____
3. _____
4. _____
5. _____

Today I Will Be...
1. _____
2. _____
3. _____
4. _____
5. _____

My Bold Ask: _____

I'm Grateful...
1. _____
2. _____
3. _____
4. _____
5. _____
6. _____
7. _____
8. _____

My Victories
1. _____
2. _____
3. _____
4. _____
5. _____
6. _____
7. _____
8. _____

My Ideas & Inspired Actions
1. _____
2. _____
3. _____
4. _____
5. _____

My Serendipities
1. _____
2. _____
3. _____
4. _____
5. _____

"If you don't do the work, you don't get the reward." ~ Sheri Fink

Day: _____

Today I...

Nurtured Myself:
- ☐ Meditated
- ☐ Worked out
- ☐ Journaled
- ☐ Had fun
- ☐ _____

Took Action Toward My Dreams:
- ☐ Read my affirmations
- ☐ Visualized my future
- ☐ Talked with Accountability Partner
- ☐ Read something uplifting
- ☐ _____

Made a Difference:
- ☐ Acknowledged someone
- ☐ Connected with someone
- ☐ Helped someone
- ☐ Inspired someone
- ☐ _____

My Top Priorities
1. _____
2. _____
3. _____
4. _____
5. _____

Today I Will Be...
1. _____
2. _____
3. _____
4. _____
5. _____

My Bold Ask: _____

I'm Grateful...
1. _____
2. _____
3. _____
4. _____
5. _____
6. _____
7. _____
8. _____

My Victories
1. _____
2. _____
3. _____
4. _____
5. _____
6. _____
7. _____
8. _____

My Ideas & Inspired Actions
1. _____
2. _____
3. _____
4. _____
5. _____

My Serendipities
1. _____
2. _____
3. _____
4. _____
5. _____

"If you don't do the work, you don't get the reward." ~ Sheri Fink

Day: _____

Today I...

Nurtured Myself:
- ☐ Meditated
- ☐ Worked out
- ☐ Journaled
- ☐ Had fun
- ☐ _____

Took Action Toward My Dreams:
- ☐ Read my affirmations
- ☐ Visualized my future
- ☐ Talked with Accountability Partner
- ☐ Read something uplifting
- ☐ _____

Made a Difference:
- ☐ Acknowledged someone
- ☐ Connected with someone
- ☐ Helped someone
- ☐ Inspired someone
- ☐ _____

My Top Priorities
1. _____
2. _____
3. _____
4. _____
5. _____

Today I Will Be...
1. _____
2. _____
3. _____
4. _____
5. _____

My Bold Ask: _____

I'm Grateful...
1. _____
2. _____
3. _____
4. _____
5. _____
6. _____
7. _____
8. _____

My Victories
1. _____
2. _____
3. _____
4. _____
5. _____
6. _____
7. _____
8. _____

My Ideas & Inspired Actions
1. _____
2. _____
3. _____
4. _____
5. _____

My Serendipities
1. _____
2. _____
3. _____
4. _____
5. _____

"If you don't do the work, you don't get the reward." ~ Sheri Fink

Week: _____

Goals for the Week

1. _____

    Action Steps: _____

    _____

2. _____

    Action Steps: _____

    _____

3. _____

    Action Steps: _____

    _____

4. _____

    Action Steps: _____

    _____

5. _____

    Action Steps: _____

    _____

6. _____

    Action Steps: _____

    _____

7. _____

    Action Steps: _____

    _____

"Embrace the fullness and magnificence of who you are… beyond your circumstances, beyond your story, beyond your perceived limitations. You are so much more. Radiate love and joy because that's who you truly are." ~ Sheri Fink

Day: _____

Today I...

Nurtured Myself:
- ☐ Meditated
- ☐ Worked out
- ☐ Journaled
- ☐ Had fun
- ☐ _____

Took Action Toward My Dreams:
- ☐ Read my affirmations
- ☐ Visualized my future
- ☐ Talked with Accountability Partner
- ☐ Read something uplifting
- ☐ _____

Made a Difference:
- ☐ Acknowledged someone
- ☐ Connected with someone
- ☐ Helped someone
- ☐ Inspired someone
- ☐ _____

My Top Priorities
1. _____
2. _____
3. _____
4. _____
5. _____

Today I Will Be...
1. _____
2. _____
3. _____
4. _____
5. _____

My Bold Ask: _____

I'm Grateful...
1. _____
2. _____
3. _____
4. _____
5. _____
6. _____
7. _____
8. _____

My Victories
1. _____
2. _____
3. _____
4. _____
5. _____
6. _____
7. _____
8. _____

My Ideas & Inspired Actions
1. _____
2. _____
3. _____
4. _____
5. _____

My Serendipities
1. _____
2. _____
3. _____
4. _____
5. _____

"Embrace the fullness and magnificence of who you are... beyond your circumstances, beyond your story, beyond your perceived limitations. You are so much more. Radiate love and joy because that's who you truly are." ~ Sheri Fink

Day: _____

Today I...

Nurtured Myself:
- ☐ Meditated
- ☐ Worked out
- ☐ Journaled
- ☐ Had fun
- ☐ _____

Took Action Toward My Dreams:
- ☐ Read my affirmations
- ☐ Visualized my future
- ☐ Talked with Accountability Partner
- ☐ Read something uplifting
- ☐ _____

Made a Difference:
- ☐ Acknowledged someone
- ☐ Connected with someone
- ☐ Helped someone
- ☐ Inspired someone
- ☐ _____

My Top Priorities
1. _____
2. _____
3. _____
4. _____
5. _____

Today I Will Be...
1. _____
2. _____
3. _____
4. _____
5. _____

My Bold Ask: _____

I'm Grateful...
1. _____
2. _____
3. _____
4. _____
5. _____
6. _____
7. _____
8. _____

My Victories
1. _____
2. _____
3. _____
4. _____
5. _____
6. _____
7. _____
8. _____

My Ideas & Inspired Actions
1. _____
2. _____
3. _____
4. _____
5. _____

My Serendipities
1. _____
2. _____
3. _____
4. _____
5. _____

"Embrace the fullness and magnificence of who you are… beyond your circumstances, beyond your story, beyond your perceived limitations. You are so much more. Radiate love and joy because that's who you truly are." ~ Sheri Fink

Day: _____

Today I...

Nurtured Myself:
- ☐ Meditated
- ☐ Worked out
- ☐ Journaled
- ☐ Had fun
- ☐ _____

Took Action Toward My Dreams:
- ☐ Read my affirmations
- ☐ Visualized my future
- ☐ Talked with Accountability Partner
- ☐ Read something uplifting
- ☐ _____

Made a Difference:
- ☐ Acknowledged someone
- ☐ Connected with someone
- ☐ Helped someone
- ☐ Inspired someone
- ☐ _____

My Top Priorities
1. _____
2. _____
3. _____
4. _____
5. _____

Today I Will Be…
1. _____
2. _____
3. _____
4. _____
5. _____

My Bold Ask: _____

I'm Grateful…
1. _____
2. _____
3. _____
4. _____
5. _____
6. _____
7. _____
8. _____

My Victories
1. _____
2. _____
3. _____
4. _____
5. _____
6. _____
7. _____
8. _____

My Ideas & Inspired Actions
1. _____
2. _____
3. _____
4. _____
5. _____

My Serendipities
1. _____
2. _____
3. _____
4. _____
5. _____

"Embrace the fullness and magnificence of who you are… beyond your circumstances, beyond your story, beyond your perceived limitations. You are so much more. Radiate love and joy because that's who you truly are." ~ Sheri Fink

Day: _____

Today I...

Nurtured Myself:
- ☐ Meditated
- ☐ Worked out
- ☐ Journaled
- ☐ Had fun
- ☐ _____

Took Action Toward My Dreams:
- ☐ Read my affirmations
- ☐ Visualized my future
- ☐ Talked with Accountability Partner
- ☐ Read something uplifting
- ☐ _____

Made a Difference:
- ☐ Acknowledged someone
- ☐ Connected with someone
- ☐ Helped someone
- ☐ Inspired someone
- ☐ _____

My Top Priorities
1. _____
2. _____
3. _____
4. _____
5. _____

Today I Will Be...
1. _____
2. _____
3. _____
4. _____
5. _____

My Bold Ask: _____

I'm Grateful...
1. _____
2. _____
3. _____
4. _____
5. _____
6. _____
7. _____
8. _____

My Victories
1. _____
2. _____
3. _____
4. _____
5. _____
6. _____
7. _____
8. _____

My Ideas & Inspired Actions
1. _____
2. _____
3. _____
4. _____
5. _____

My Serendipities
1. _____
2. _____
3. _____
4. _____
5. _____

"Embrace the fullness and magnificence of who you are… beyond your circumstances, beyond your story, beyond your perceived limitations. You are so much more. Radiate love and joy because that's who you truly are." ~ Sheri Fink

Day: _____

Today I...

Nurtured Myself:
- ☐ Meditated
- ☐ Worked out
- ☐ Journaled
- ☐ Had fun
- ☐ _____

Took Action Toward My Dreams:
- ☐ Read my affirmations
- ☐ Visualized my future
- ☐ Talked with Accountability Partner
- ☐ Read something uplifting
- ☐ _____

Made a Difference:
- ☐ Acknowledged someone
- ☐ Connected with someone
- ☐ Helped someone
- ☐ Inspired someone
- ☐ _____

My Top Priorities
1. _____
2. _____
3. _____
4. _____
5. _____

Today I Will Be...
1. _____
2. _____
3. _____
4. _____
5. _____

My Bold Ask: _____

I'm Grateful...
1. _____
2. _____
3. _____
4. _____
5. _____
6. _____
7. _____
8. _____

My Victories
1. _____
2. _____
3. _____
4. _____
5. _____
6. _____
7. _____
8. _____

My Ideas & Inspired Actions
1. _____
2. _____
3. _____
4. _____
5. _____

My Serendipities
1. _____
2. _____
3. _____
4. _____
5. _____

"Embrace the fullness and magnificence of who you are... beyond your circumstances, beyond your story, beyond your perceived limitations. You are so much more. Radiate love and joy because that's who you truly are." ~ Sheri Fink

Day: _____

Today I...

Nurtured Myself:
- ☐ Meditated
- ☐ Worked out
- ☐ Journaled
- ☐ Had fun
- ☐ _____

Took Action Toward My Dreams:
- ☐ Read my affirmations
- ☐ Visualized my future
- ☐ Talked with Accountability Partner
- ☐ Read something uplifting
- ☐ _____

Made a Difference:
- ☐ Acknowledged someone
- ☐ Connected with someone
- ☐ Helped someone
- ☐ Inspired someone
- ☐ _____

My Top Priorities
1. _____
2. _____
3. _____
4. _____
5. _____

Today I Will Be…
1. _____
2. _____
3. _____
4. _____
5. _____

My Bold Ask: _____

I'm Grateful…
1. _____
2. _____
3. _____
4. _____
5. _____
6. _____
7. _____
8. _____

My Victories
1. _____
2. _____
3. _____
4. _____
5. _____
6. _____
7. _____
8. _____

My Ideas & Inspired Actions
1. _____
2. _____
3. _____
4. _____
5. _____

My Serendipities
1. _____
2. _____
3. _____
4. _____
5. _____

"Embrace the fullness and magnificence of who you are… beyond your circumstances, beyond your story, beyond your perceived limitations. You are so much more. Radiate love and joy because that's who you truly are." ~ Sheri Fink

Day: _____

Today I...

Nurtured Myself:
- ☐ Meditated
- ☐ Worked out
- ☐ Journaled
- ☐ Had fun
- ☐ _____

Took Action Toward My Dreams:
- ☐ Read my affirmations
- ☐ Visualized my future
- ☐ Talked with Accountability Partner
- ☐ Read something uplifting
- ☐ _____

Made a Difference:
- ☐ Acknowledged someone
- ☐ Connected with someone
- ☐ Helped someone
- ☐ Inspired someone
- ☐ _____

My Top Priorities
1. _____
2. _____
3. _____
4. _____
5. _____

Today I Will Be...
1. _____
2. _____
3. _____
4. _____
5. _____

My Bold Ask: _____

I'm Grateful...
1. _____
2. _____
3. _____
4. _____
5. _____
6. _____
7. _____
8. _____

My Victories
1. _____
2. _____
3. _____
4. _____
5. _____
6. _____
7. _____
8. _____

My Ideas & Inspired Actions
1. _____
2. _____
3. _____
4. _____
5. _____

My Serendipities
1. _____
2. _____
3. _____
4. _____
5. _____

"Embrace the fullness and magnificence of who you are… beyond your circumstances, beyond your story, beyond your perceived limitations. You are so much more. Radiate love and joy because that's who you truly are." ~ Sheri Fink

Week: _____

Goals for the Week

1. _____

    Action Steps: _____

    _____

2. _____

    Action Steps: _____

    _____

3. _____

    Action Steps: _____

    _____

4. _____

    Action Steps: _____

    _____

5. _____

    Action Steps: _____

    _____

6. _____

    Action Steps: _____

    _____

7. _____

    Action Steps: _____

    _____

"Today we will: Live boldly. Love passionately. Laugh hysterically. Create courageously. Adventure fearlessly. Be ourselves confidently. Make a difference heroically." ~ Sheri Fink

Day: _____

Today I...

Nurtured Myself:
- ☐ Meditated
- ☐ Worked out
- ☐ Journaled
- ☐ Had fun
- ☐ _____

Took Action Toward My Dreams:
- ☐ Read my affirmations
- ☐ Visualized my future
- ☐ Talked with Accountability Partner
- ☐ Read something uplifting
- ☐ _____

Made a Difference:
- ☐ Acknowledged someone
- ☐ Connected with someone
- ☐ Helped someone
- ☐ Inspired someone
- ☐ _____

My Top Priorities
1. _____
2. _____
3. _____
4. _____
5. _____

Today I Will Be…
1. _____
2. _____
3. _____
4. _____
5. _____

My Bold Ask: _____

I'm Grateful…
1. _____
2. _____
3. _____
4. _____
5. _____
6. _____
7. _____
8. _____

My Victories
1. _____
2. _____
3. _____
4. _____
5. _____
6. _____
7. _____
8. _____

My Ideas & Inspired Actions
1. _____
2. _____
3. _____
4. _____
5. _____

My Serendipities
1. _____
2. _____
3. _____
4. _____
5. _____

"Today we will: Live boldly. Love passionately. Laugh hysterically. Create courageously. Adventure fearlessly. Be ourselves confidently. Make a difference heroically." ~ Sheri Fink

Day: _____

Today I...

Nurtured Myself:
- ☐ Meditated
- ☐ Worked out
- ☐ Journaled
- ☐ Had fun
- ☐ _____

Took Action Toward My Dreams:
- ☐ Read my affirmations
- ☐ Visualized my future
- ☐ Talked with Accountability Partner
- ☐ Read something uplifting
- ☐ _____

Made a Difference:
- ☐ Acknowledged someone
- ☐ Connected with someone
- ☐ Helped someone
- ☐ Inspired someone
- ☐ _____

My Top Priorities
1. _____
2. _____
3. _____
4. _____
5. _____

Today I Will Be...
1. _____
2. _____
3. _____
4. _____
5. _____

My Bold Ask: _____

I'm Grateful...
1. _____
2. _____
3. _____
4. _____
5. _____
6. _____
7. _____
8. _____

My Victories
1. _____
2. _____
3. _____
4. _____
5. _____
6. _____
7. _____
8. _____

My Ideas & Inspired Actions
1. _____
2. _____
3. _____
4. _____
5. _____

My Serendipities
1. _____
2. _____
3. _____
4. _____
5. _____

"Today we will: Live boldly. Love passionately. Laugh hysterically. Create courageously. Adventure fearlessly. Be ourselves confidently. Make a difference heroically." ~ Sheri Fink

Day: _____

Today I...

Nurtured Myself:
- ☐ Meditated
- ☐ Worked out
- ☐ Journaled
- ☐ Had fun
- ☐ _____

Took Action Toward My Dreams:
- ☐ Read my affirmations
- ☐ Visualized my future
- ☐ Talked with Accountability Partner
- ☐ Read something uplifting
- ☐ _____

Made a Difference:
- ☐ Acknowledged someone
- ☐ Connected with someone
- ☐ Helped someone
- ☐ Inspired someone
- ☐ _____

My Top Priorities
1. _____
2. _____
3. _____
4. _____
5. _____

Today I Will Be...
1. _____
2. _____
3. _____
4. _____
5. _____

My Bold Ask: _____

I'm Grateful...
1. _____
2. _____
3. _____
4. _____
5. _____
6. _____
7. _____
8. _____

My Victories
1. _____
2. _____
3. _____
4. _____
5. _____
6. _____
7. _____
8. _____

My Ideas & Inspired Actions
1. _____
2. _____
3. _____
4. _____
5. _____

My Serendipities
1. _____
2. _____
3. _____
4. _____
5. _____

"Today we will: Live boldly. Love passionately. Laugh hysterically. Create courageously. Adventure fearlessly. Be ourselves confidently. Make a difference heroically." ~ Sheri Fink

Day: _____

Today I...

Nurtured Myself:
- ☐ Meditated
- ☐ Worked out
- ☐ Journaled
- ☐ Had fun
- ☐ _____

Took Action Toward My Dreams:
- ☐ Read my affirmations
- ☐ Visualized my future
- ☐ Talked with Accountability Partner
- ☐ Read something uplifting
- ☐ _____

Made a Difference:
- ☐ Acknowledged someone
- ☐ Connected with someone
- ☐ Helped someone
- ☐ Inspired someone
- ☐ _____

My Top Priorities
1. _____
2. _____
3. _____
4. _____
5. _____

Today I Will Be...
1. _____
2. _____
3. _____
4. _____
5. _____

My Bold Ask: _____

I'm Grateful...
1. _____
2. _____
3. _____
4. _____
5. _____
6. _____
7. _____
8. _____

My Victories
1. _____
2. _____
3. _____
4. _____
5. _____
6. _____
7. _____
8. _____

My Ideas & Inspired Actions
1. _____
2. _____
3. _____
4. _____
5. _____

My Serendipities
1. _____
2. _____
3. _____
4. _____
5. _____

"Today we will: Live boldly. Love passionately. Laugh hysterically. Create courageously. Adventure fearlessly. Be ourselves confidently. Make a difference heroically." ~ Sheri Fink

Day: _____

Today I...

Nurtured Myself:
- ☐ Meditated
- ☐ Worked out
- ☐ Journaled
- ☐ Had fun
- ☐ _____

Took Action Toward My Dreams:
- ☐ Read my affirmations
- ☐ Visualized my future
- ☐ Talked with Accountability Partner
- ☐ Read something uplifting
- ☐ _____

Made a Difference:
- ☐ Acknowledged someone
- ☐ Connected with someone
- ☐ Helped someone
- ☐ Inspired someone
- ☐ _____

My Top Priorities
1. _____
2. _____
3. _____
4. _____
5. _____

Today I Will Be...
1. _____
2. _____
3. _____
4. _____
5. _____

My Bold Ask: _____

I'm Grateful...
1. _____
2. _____
3. _____
4. _____
5. _____
6. _____
7. _____
8. _____

My Victories
1. _____
2. _____
3. _____
4. _____
5. _____
6. _____
7. _____
8. _____

My Ideas & Inspired Actions
1. _____
2. _____
3. _____
4. _____
5. _____

My Serendipities
1. _____
2. _____
3. _____
4. _____
5. _____

"Today we will: Live boldly. Love passionately. Laugh hysterically. Create courageously. Adventure fearlessly. Be ourselves confidently. Make a difference heroically." ~ Sheri Fink

☙

Day: _____

Today I...

Nurtured Myself:
- ☐ Meditated
- ☐ Worked out
- ☐ Journaled
- ☐ Had fun
- ☐ _____

Took Action Toward My Dreams:
- ☐ Read my affirmations
- ☐ Visualized my future
- ☐ Talked with Accountability Partner
- ☐ Read something uplifting
- ☐ _____

Made a Difference:
- ☐ Acknowledged someone
- ☐ Connected with someone
- ☐ Helped someone
- ☐ Inspired someone
- ☐ _____

My Top Priorities
1. _____
2. _____
3. _____
4. _____
5. _____

Today I Will Be…
1. _____
2. _____
3. _____
4. _____
5. _____

My Bold Ask: _____

I'm Grateful…
1. _____
2. _____
3. _____
4. _____
5. _____
6. _____
7. _____
8. _____

My Victories
1. _____
2. _____
3. _____
4. _____
5. _____
6. _____
7. _____
8. _____

My Ideas & Inspired Actions
1. _____
2. _____
3. _____
4. _____
5. _____

My Serendipities
1. _____
2. _____
3. _____
4. _____
5. _____

"Today we will: Live boldly. Love passionately. Laugh hysterically. Create courageously. Adventure fearlessly. Be ourselves confidently. Make a difference heroically." ~ Sheri Fink

Day: _____

Today I...

Nurtured Myself:
- ☐ Meditated
- ☐ Worked out
- ☐ Journaled
- ☐ Had fun
- ☐ _____

Took Action Toward My Dreams:
- ☐ Read my affirmations
- ☐ Visualized my future
- ☐ Talked with Accountability Partner
- ☐ Read something uplifting
- ☐ _____

Made a Difference:
- ☐ Acknowledged someone
- ☐ Connected with someone
- ☐ Helped someone
- ☐ Inspired someone
- ☐ _____

My Top Priorities
1. _____
2. _____
3. _____
4. _____
5. _____

Today I Will Be...
1. _____
2. _____
3. _____
4. _____
5. _____

My Bold Ask: _____

I'm Grateful...
1. _____
2. _____
3. _____
4. _____
5. _____
6. _____
7. _____
8. _____

My Victories
1. _____
2. _____
3. _____
4. _____
5. _____
6. _____
7. _____
8. _____

My Ideas & Inspired Actions
1. _____
2. _____
3. _____
4. _____
5. _____

My Serendipities
1. _____
2. _____
3. _____
4. _____
5. _____

"Today we will: Live boldly. Love passionately. Laugh hysterically. Create courageously. Adventure fearlessly. Be ourselves confidently. Make a difference heroically." ~ Sheri Fink

www.ingramcontent.com/pod-product-compliance
Lightning Source LLC
Chambersburg PA
CBHW080520300426
44112CB00018B/2806